Berufs-Chancen-Check

Servicekauf-mann/-kauffrau im Luftverkehr

Name: _____

BW Bildung und Wissen
Verlag und Software GmbH
Ist zertifiziert nach

DIN EN ISO 9001

Reg.Nr. 5445-01

Für dieses Buch wurde umweltfreundlich chlorfrei gebleichtes Papier verwendet.

Aufgrund des Urheberrechtes müssen wir Sie darauf aufmerksam machen, daß alle Rechte vorbehalten sind, insbesondere die des Nachdrucks und der Übersetzung. Ohne Genehmigung des Verlages ist es nicht gestattet, dieses Werk oder Teile in einem photomechanischen oder sonstigen Reproduktionsverfahren oder unter Verwendung elektronischer Systeme zu verarbeiten, zu vervielfältigen oder zu verbreiten.

Die Wiedergabe von Warenbezeichnungen und Handelsnamen in diesem Buch berechtigt nicht zu der Annahme, daß solche Bezeichnungen im Sinne der Warenzeichen- und Markenschutz-Gesetzgebung als frei zu betrachten wären und deshalb von jedermann benutzt werden dürfen.

Für Vollständigkeit, Fehler redaktioneller oder technischer Art, Auslassungen usw. kann – auch wegen der schnellen Veränderungen in Gesellschaft und Bildung, Wirtschaft und Technik – keine Haftung übernommen werden.
Vorschläge zur Verbesserung der Nutzerfreundlichkeit werden begrüßt.

Die Deutsche Bibliothek –
CIP-Einheitsaufnahme
Berufs-Chancen-Check. – Nürnberg :
BW, Bildung und Wissen, Verl. und
Software (BW for young)

Servicekaufmann, -kauffrau im
Luftverkehr. – 1999
ISBN 3-8214-8250-8

Verlag
BW Bildung und Wissen
Verlag und Software GmbH
Südwestpark 82
90449 Nürnberg
http://www.bwverlag.de

Vertrieb
BW Bildung und Wissen
Verlag und Software GmbH
Herrn Thomas Preuß
Postfach 820150
90252 Nürnberg
Telefon 0911/9676-175
Telefax 0911/9676-189
e-Mail thomas.preuss@bwverlag.de

Layout
Andrea Polak

Satz
Rolf Wolle

Herstellung
BW Bildung und Wissen
Verlag und Software GmbH
Nürnberg

© BW Bildung und Wissen Verlag
und Software GmbH, Nürnberg, 1999

ISBN 3-8214-8250-8

Inhalt ...Info

Wählt man wirklich...? – Inhalt Info . . 5
Check Berufe 14
Check Selbständigkeit 44
Check Franchising 50
Check Eignung 58
Check Vorbildung 62
Check Ausbildung 64
Check Berechtigungen 83
Check Bewerbung Wo? Wie? 85
Info Was gezahlt wird 88
Check Im Ausland? 89
Check Arbeitsaufgaben 99
Check Weiterbildung 101
Check Adressen 107
Info Recht 120
? Check 121
Info Register 122

for young
Bildung und Wissen

Inhalt ...Info

Wählt man wirklich **191 Berufe** mit einer 3jährigen Ausbildung als

Servicekaufmann/ -kauffrau im Luftverkehr

Stimmt aber auch das, was viele Experten behaupten:

Fast jeder müsse im Laufe seines Lebens 3- bis 4mal seinen Beruf wechseln – und das fast immer ohne neue Berufsausbildung?

Wie reimt sich das zusammen?

... !?

...Info / Inhalt

Würden Sie sich bewerben,

wenn Sie nach Ihrer Abschlußprüfung als Servicekaufmann/-kauffrau im Luftverkehr in Ihrer Zeitung eine Stellenanzeige entdeckten:

„Direktbank sucht Kundenberater/in am Telefon"

Wahrscheinlich nicht

Warum eigentlich nicht?

Im **„Check Ausbildung"** erfahren Sie, welche speziellen Fachkenntnisse erworben werden, die Sie auch für eine Tätigkeit als telefonische/r Kundenberater/in im Bank- und Kreditwesen befähigen.

Der **Dienst am Kunden** spielt sowohl im Luftverkehr als auch im Bank- und Kreditwesen eine zentrale Rolle. Als **Servicekaufmann/-kauffrau im Luftverkehr** können Sie kompetent und freundlich über Produkte informieren, diese ggf. auch verkaufen, und überzeugen durch Ihr serviceorientiertes Auftreten. Der **Umgang mit modernen Informations- und Kommunikationssystemen** ist Ihnen vertraut und vielleicht haben Sie bereits erste Berufserfahrungen im Service-Center einer Fluggesellschaft gesammelt.

Wir haben Mitarbeiter in Service-Center von Banken nach ihrer Berufsausbildung gefragt. Eine Vielzahl an kaufmännischen Berufen und Qualifikationen wurde uns genannt. Natürlich überwogen Bank- und Sparkassenfachleute. Aber auch Kaufleute aus ausgesprochen serviceorientierten Branchen wie Luftverkehr und Touristik gehörten zu den genannten Berufen. Alle hatten allerdings eine relativ lange Einarbeitungszeit hinter sich, um sich mit den entsprechenden Bankprodukten vertraut zu machen.

Und als Beruf nannten sie stets nicht ihren Ausbildungsberuf, sondern ihren „Neuen", also „Telefonische/r Kundenberater/in".

Also doch Berufswechsel?

Ja, aber ... man kann doch so viel von dem mühsam Erlernten mitnehmen: fast alle kaufmännisch-betriebswirtschaftlichen Kenntnisse, Erfahrungen in der Kundenberatung und -betreuung, im Verkauf, im Umgang mit Informations- und Kommunikationstechnologien usw. Viele Berufstätige sind sich später über den Wert ihrer Berufsausbildung nicht mehr so recht bewußt. Schade!

Wir haben Dienstleistungs-, Handels- und Industriebetriebe sowie Unternehmen der Öffentlichen Wirtschaft gefragt: „Würden Sie Servicekaufleute im Luftverkehr für die im „Check Berufe" genannten Berufe einstellen?" Meist kam sofort ein klares „Ja!" Häufig staunte man zunächst, doch nach Schilderung der gleichartigen Fachkenntnisse kam als Antwort überwiegend ebenfalls ein klares „Ja!" Andere, z.B. die Personalleitung einer großen Hotelkette, erklärten: „Wir nehmen seit Jahrzehnten nur Bewerber/innen mit einer Ausbildung im Hotel- und Gaststättenbereich" und lehnten jede weitere Diskussion ab.

Berufskundliche Fachkenntnisse und Einsichten sind eben nicht überall gleich. Damit müssen wir leben.

Daß man sich immer einarbeiten

und etwas dazu lernen muß, macht nicht dümmer, bringt Abwechslung und dadurch auch Spaß. Zumindest sagen das die Leute, die solche Chancen nutzten.

...Info / Inhalt

Welche Infos Sie in dieser Schrift finden:

Check Berufe

Checken Sie Ihre **vielfältigen beruflichen Chancen** – ohne Umschulung – als Servicekaufmann/-kauffrau im Luftverkehr im Check Berufe (Hätten Sie gedacht, daß Sie wirklich in 191 Berufen arbeiten können?). Diese sind übersichtlich in Tätigkeitsbereichen dargestellt und wir sagen Ihnen, welche Fachkenntnisse und Fertigkeiten Sie dazu qualifizieren. **... 14**

Check Selbständigkeit

Vielleicht **stehen Sie gern auf eigenen Füßen** und vielleicht kommt auch irgendwann eine selbständige Tätigkeit für Sie in Betracht. Dazu finden Sie wichtige Informationen im Check **Selbständigkeit 44**

Inhalt ...Info

Check Franchising

Im Rahmen der Selbständigkeit nimmt die **Franchise-Idee** in Deutschland immer mehr an Bedeutung zu. Welche Möglichkeiten sich für Servicekaufleute im Luftverkehr hier eröffnen, ist im Check Franchising aufgeführt. **50**

Check Eignung

Wenn Sie nun wissen, welche Berufe für Sie in Frage kommen, dann sollten Sie sich **vergewissern,** ob Sie für eine Ausbildung und damit für einen erfolgreichen Berufsweg als Servicekaufmann/-kauffrau im Luftverkehr **wirklich geeignet sind.** Dies können Sie im Check Eignung prüfen. **58**

Check Vorbildung

Welche **schulischen oder beruflichen Vorbildungen** für eine Ausbildung als Servicekaufmann/-kauffrau im Luftverkehr vorgeschrieben sind und wie diese in der Praxis aussehen, können Sie im Check Vorbildung nachlesen. **62**

Check Ausbildung

Im Check Ausbildung finden Sie umfangreiche **Informationen zur Ausbildung:** über den Ausbildungsaufbau und an welchen „Lernorten" sie stattfindet. **64**

Was Ihnen während der Ausbildung vermittelt wird, was Sie also an **Wissen und Können** erwerben, ist ein weiterer Infoteil. **66**

Aber auch die erworbenen Fachkenntnisse über **Arbeitsmittel und Arbeitsobjekte** sind oft wertvoller, als man selbst glaubt. Wir nennen sie Ihnen. . . . **78**

Welche Inhalte die **Abschlußprüfung** hat, sagen wir Ihnen im Abschnitt Abschlußprüfung. . . **80**

Eventuelle **Verkürzungen** der Ausbildungsdauer **82**

...Info **Inhalt**

Check **Berech-
tigungen**

Mit der Abschlußprüfung erhält man erstaunlich viele Berechtigungen:
Checken Sie deren Bedeutung im Check Berechtigungen.
. . . .**83**

Check **Bewerbung Wo? Wie?**

Wo ich mich bewerben kann und **wie eine Bewerbung aussehen** soll – dazu finden Sie Informationen im Check Bewerbung Wo? Wie? **85**

Info... **Was gezahlt wird**

Welche **Ausbildungsvergütungen** Sie als Servicekaufmann/-kauffrau im Luftverkehr pro Monat erhalten, ist im Info... Was gezahlt wird festgehalten. . . **88**

Check **Im Ausland?**

Warum nicht ins Ausland? Wenn Sie sich überlegen, eine verwandte Ausbildung im **Ausland** zu beginnen oder Möglichkeiten zu eventuellen Praktika suchen, finden Sie im Check Im Ausland? entsprechende Informationen, aber auch über eventuelle Praktika. **89**

Check **Arbeitsaufgaben**

Für den Fall, daß Sie einen Überblick von den Arbeitsaufgaben des/der Servicekaufmannes/-kauffrau im Luftverkehr schwarz auf weiß besitzen wollen, stehen entsprechende Informationen im Check Arbeitsaufgaben. Sie bilden eine **solide, abzucheckende Informationsbasis** auch bei einem späteren Interesse an beruflichen Alternativen. **99**

Inhalt ...Info

Check Weiterbildung

Welche Weiterbildungsmöglichkeiten habe ich? Für Servicekaufleute im Luftverkehr gibt es **erstaunlich viele Weiterbildungsziele:** Vorwiegend fachbezogene, aber auch aufstiegsorientierte Qualifizierungen. Welche das sind, können Sie im Check Weiterbildung „abhaken". **..101**

Info... Recht

Im Info… Recht wird abschließend über gesetzliche Regelungen informiert. **.... 120**

Info... Register

Hier finden Sie alle wichtigen Suchbegriffe und alle Berufe mit Seitenangaben. **... 122**

Check Adressen

Wichtige Adressen für Servicekaufleute im Luftverkehr werden im Check Adressen genannt. Hier finden Sie die Anschriften der **Berufsinformationszentren (BIZ)** der **Arbeitsämter,** der **Industrie- und Handelskammern** und die Anschriften von **Arbeitgeber- und Arbeitnehmerorganisationen, Verbänden** u.ä. Abgeschlossen wird das Kapitel mit einem Überblick über für Servicekaufleute im Luftverkehr relevante **Fachzeitschriften**.......... **107**

Check Berufe

Welche Berufe

kommen nun für Servicekaufleute im Luftverkehr in Frage, ohne daß sie eine Umschulung absolvieren müssen?

Wir – der führende Fachverlag für Analysen und aktuelle Informationen über Bildung, Beruf und Beschäftigung – zeigen im BERUFS-CHANCEN-CHECK die ganze Breite der Berufe, die nach einer abgeschlossenen Ausbildung als Servicekaufmann/-kauffrau im Luftverkehr – ohne Umschulung, das heißt ohne neue Ausbildung! – in Frage kommen.

Um die Vielfalt der Möglichkeiten übersichtlicher zu machen, haben wir diese zu Berufsbereichen zusammengefaßt. Daran anschließend werden Fachkenntnisse, Fertigkeiten und Erfahrungen aufgeführt, die in der Ausbildung erworben werden und die für eine Tätigkeit in speziellen Berufen dieses Bereichs qualifizieren (eventuell auch für eine Teilnahme an entsprechenden Weiterbildungen).

Danach werden die speziellen Berufe genannt, die ohne neue Ausbildung – das heißt ohne Umschulung – in Frage kommen und zwar alle des jeweiligen Bereichs – also auch Berufe, die als „Aufstiegsberufe", „Karriereberufe" gelten.

Checken Sie

Berufe Check

Überblick über die Bereiche

Die Berufsbereiche, in denen die Berufe abgecheckt werden können, erscheinen in folgender Reihenfolge; diese stellt jedoch keine Wertung dar:

☑ **Berufe im Kernbereich**
Luftverkehr (Personenbeförderung) 17

☑ **Berufe im Bereich**
Touristik, Fremdenverkehr, Reiseleitung 27

☑ **Berufe im Bereich**
Gästebetreuung, Hotel- und Gaststättenwesen 29

☑ **Berufe im Bereich**
Luftverkehr (Frachtbeförderung) 31

☑ **Berufe im Bereich**
Transport und Verkehr (allgemein) 32

☑ **Berufe im Bereich**
Autovermietung 33

☑ **Berufe im Bereich**
Vertrieb, Verkauf, Service, Handel. 34

☑ **Berufe im Bereich**
Banken, Bausparkassen, Versicherungen, Immobilien 36

☑ **Berufe im Bereich**
Büro, Sekretariat, allgemeine kaufmännische Verwaltung 37

Check Berufe

- ☑ **Berufe im Bereich Personal- und betriebliches Sozialwesen** 38
- ☑ **Berufe im Bereich Rechnungswesen, Controlling** 39
- ☑ **Berufe im Bereich Marketing, Werbung** 40
- ☑ **Berufe im Bereich Datenverarbeitung (Bereich Verkehrswesen/ Touristik)** 41
- ☑ **Berufe im Bereich Sozialversicherung, Öffentliche Verwaltung** .. 42
- ☑ **Berufe im Bereich Personaltraining, Erwachsenenbildung** 43

☑ *Checken Sie*

Berufe Check

Berufe im Kernbereich Luftverkehr (Personenbeförderung)

wählen Sie, weil...

✗ Sie beherrschen alle in der Berufsausbildung gewonnenen Fachkenntnisse und Fertigkeiten und können diese anwenden.

Ohne weiteres

können Sie, ggf. mit je nach Arbeitsbereich/Vorkenntnissen üblichen kurzen Einarbeitungen, Kenntnisauffrischungen bzw. -anpassungen (z.B. bezüglich neuer Sicherheitseinrichtungen und -verfahren oder Informations- und Kommunikationssysteme im Luftverkehr), arbeiten als:

- ☐ Servicekaufmann/-kauffrau in der Fluggastabfertigung und -betreuung (Luftverkehr)
- Luftverkehrsangestellte/r (Fluggastabfertigung/-betreuung)
- Flughafenmitarbeiter/in (Fluggastabfertigung/-betreuung)
- Operations Agent (Fluggastabfertigung/-betreuung)
- Airport Agent (Fluggastabfertigung/-betreuung)
- Fachkraft für Fluggastabfertigung
- Fachkraft für Fluggastbetreuung
- Fachkraft für Fluggastdienste
- Flughafen-Hostess (Fluggastabfertigung/-betreuung)
- Hostess (Bodendienst, Fluggastabfertigung/-betreuung)
- Ground Hostess (Fluggastabfertigung/-betreuung)
- Bodensteward/ess (Fluggastabfertigung/-betreuung)
- Ground Steward/ess (Fluggastabfertigung/-betreuung)
- Mitarbeiter/in am Check-In (Fluggastabfertigung/-betreuung)
- Passageabfertigungsangestellte/r (Fluggastabfertigung/-betreuung)
- Counterkraft (Fluggastabfertigung/-betreuung)
- Counter Hostess (Fluggastabfertigung/-betreuung)
- Mitarbeiter/in für Schalter und Reservierung (Fluggastabfertigung/-betreuung)
- Veranstalterrepräsentant/in (Fluggastabfertigung/-betreuung)

Aufgaben:

Im Bereich Fluggastabfertigung insbesondere:

Begrüßen der Fluggäste am Passagier-Check-In

Überprüfen der Flugscheine auf Gültigkeit, Tarif und Buchung, Aushändigen einer Bordkarte, ggf. Ausstellen von Ersatzbeförderungsdokumenten

Zuweisen von Sitzplätzen, Aushändigen von Sitzplänen bei Langstreckenflügen

Die Aufgaben der Berufe im Kernbereich Luftverkehr (Personenbeförderung) werden hier beschrieben. Sollten Sie nach Abschluß Ihrer Ausbildung – oder auch davor – genauere Informationen auch über Berufe in anderen Bereichen wünschen, können Sie diese einfach direkt bei uns abrufen (siehe Seite 121).

☑ Checken Sie

Check Berufe

Kontrollieren der Reisedokumente (Pässe, Visa, Einreisepapiere)

Abfertigen des Gepäcks (Wiegen und Markieren des abzufertigenden Gepäcks, Eintragen der Gepäckmenge im Flugschein, ggf. Ausstellen von Übergepäckscheinen)

Vorbereiten und Abwickeln von Abfertigungsbesonderheiten (z.B. bei Gruppen oder besonderen Fremdgesellschafts-Schemata)

Erteilen von Auskünften über Abflug, Warteraum, Sicherheitsverfahren u.a., Veranlassen/Durchführen von Ansagen, z.B. Abrufen von Flügen, Informieren über Flugsteigänderungen, Verspätungen, Annullierungen, Aufrufen von Personen

Durchführen der Gate-Abfertigung

Erfassen und Weiterleiten von Passagierzahlen und Gepäckmenge zur Erstellung der Flugunterlagen, Bestellen der erforderlichen Flughafenbusse

Empfangen und Betreuen der Fluggäste nach der Landung, Überwachen der Gepäckausgabe

Im Bereich Fluggastbetreuung insbesondere:

Erteilen von Informationen in der Schalter- bzw. Ankunftshalle, ggf. Verweisen zum Buchungs-, Verkaufs- oder Abfertigungsschalter

Betreuen von unbegleiteten Kindern und hilfsbedürftigen Fluggästen

Übernehmen und Leiten von Betreuungsfällen, z.B. zu Schalter, (Kinder-)Betreuungsraum, Flugsteig, Abrufraum; Begleiten von Betreuungsfällen zum Flugzeug bzw. Abholen vom Flugzeug

Mitwirken bei der Sonderbetreuung von VIP-Fluggästen

Ggf. Vornehmen von Platzbuchungen, Hotel- und Mietwagenreservierungen

☐ **Servicekaufmann/-kauffrau im Sicherheitsbereich (Luftverkehr)**
Sicherheitsmitarbeiter/in (Luftverkehr)
Luftverkehrsangestellte/r (Sicherheitsbereich)

Aufgaben:

Informieren von Fluggästen über die für sie relevanten Sicherheitsbestimmungen im Flughafen und im Flugzeug

Anwenden der relevanten Sicherheitsbestimmungen und -einrichtungen, z.B. Durchführen von Sicherheits- und Gepäckkontrollen, ggf. Ausschließen von Fluggästen von der Beförderung bei Sicherheitsrisiken

Überprüfen von technischen Sicherheitseinrichtungen, z.B. Feuerlöscher, Brandmeldeanlagen, Türsicherheit

Einleiten von Notfallmaßnahmen in Gefahrensituationen, z.B. Brandbekämpfung, Evakuierung, Alarmierung der Notfallorganisationen, Information der Betroffenen

☐ **Servicekaufmann/-kauffrau in der Gepäckermittlung (Luftverkehr)**
Fachkraft für Gepäckermittlung (Luftverkehr)
Luftverkehrsangestellte/r (Gepäckermittlung)

Aufgaben:

Aufnehmen und Abwickeln von Verlust-, Fund- und Beschädigungsmeldungen

Berufe Check

Durchführen von Schadensregulierungen

Kontaktpflege mit Kunden, Behörden und anderen Vertragspartnern

☐ **Servicekaufmann/-kauffrau im Flugbetrieb (Luftverkehr)**
Luftverkehrsangestellte/r (Flugbetrieb)
Sachbearbeiter/in für Flugbetrieb
Mitarbeiter/in Flight-Operation
Sachbearbeiter/in für Besatzungsdisposition (Luftverkehr)
Mitarbeiter/in Crewcontact (Luftverkehr)
Mitarbeiter/in Crew Planning/Control (Luftverkehr)
Crewplaner/in (Luftverkehr)

Aufgaben:

Pflegen und Fortschreiben des aktuellen Flugplans, z.B. Flugzeiten, Flugzeugtypen, Passagierzahlen, Fracht- und Gepäckmengen

Erstellen der Tagesvorausplanung des Mitteleinsatzes

Disponieren von Serviceeinrichtungen, z.B. Abfertigungseinrichtungen, Informationsschalter, Gepäckermittlung

Lenken von Passagierströmen im jeweiligen Zuständigkeitsbereich

Aufstellen von Dienst- und Schichtplänen (Crew Planning), Überwachen von Dienstplanänderungen

Mitwirken an der Anpassung des Personal- und Mitteleinsatzes im laufenden Betrieb und bei Leistungsstörungen, z.B. durch Ändern des Crew-Einsatzes, Umdisponieren von Abfertigungsvorgängen

Erstellen und Auswerten von Statistiken

☐ **Servicekaufmann/-kauffrau in der Flugzeugabfertigung (Luftverkehr)**
Fachkraft für Flugzeugabfertigung
Luftverkehrsangestellte/r (Flugzeugabfertigung)
Operations Agent (Flugzeugabfertigung)

Aufgaben:

Koordinieren der Vorgänge bei der Flugzeugabfertigung, z.B. Bodenverkehrsdienste, Flugzeugbeladung und -entladung, Ver- und Entsorgung, Einsteige- und Absteigevorgänge, Passagier-/Crewtransport, Push back

Zusammenstellen von Unterlagen zur Flugvorbereitung, z.B. Wetter, Flight Plan

Erstellen und Einsetzen von Ladeanweisungen unter Berücksichtigung unterschiedlicher Zielflughäfen sowie von dangerous groups, Sonderladungen, Tieren, Containerladungen

Anfertigen von Loadsheet (Angaben über Gewicht und Verteilung der Ladung sowie den Schwerpunkt des Flugzeuges) und Trimsheet (Anweisungen zum Ausbalancieren des Flugzeuges) mittels spezieller DV-Anwendungen

Erstellen von Abfertigungsberichten und Statistiken

☐ **Servicekaufmann/-kauffrau in der Flugbegleitung (Luftverkehr)**
Flugbegleiter/in
Steward/ess (Luftverkehr)
Air Hostess
Cabin Attendant (Luftverkehr)
Flight Attendant

Check Berufe

Aufgaben:

Betreuen und Versorgen von Passagieren während des Fluges, ggf. Sonderbetreuung von Kindern, Behinderten oder Erkrankten

Servieren von Mahlzeiten und Getränken während des Fluges, ggf. Versorgen der Cockpitbesatzung mit Getränken und Speisen

Durchführen des Bordverkaufs nach Vorschrift des Arbeitgebers

Einhalten der Sicherheitsvorschriften, ggf. Durchsetzen derselben gegenüber den Fluggästen

Erste Hilfe und Versorgen der Passagiere und Besatzungsmitglieder bei unvorhergesehenen Vorkommnissen (Erkrankung, Unfall, Unpäßlichkeit u.ä.)

Im Flugnotfall: Durchführen der gemäß Notfallplan erforderlichen Rettungs- und Bergungsaufgaben

Betreuen der Fluggäste am Boden bei Ausweichlandungen oder Flugunregelmäßigkeiten

Verantwortlich für das vorschriftsgemäße Beachten der Sicherheitsbestimmungen, Ordnung und Sauberkeit in Kabine, Galley und Waschräumen und für das Melden von Mängeln, Unzulänglichkeiten und besonderen Vorkommnissen

☐ **Servicekaufmann/-kauffrau in Service-Centern von Luftverkehrsgesellschaften**
Passageangestellte/r (Luftverkehr)
Passagefachberater/in (Luftverkehr)
Reservierungs- und Passagefachkraft (Luftverkehr)
Reservierungs- und Ticketingfachkraft (Luftverkehr)

Ticketingfachkraft (Luftverkehr)
Ticketing Agent (Luftverkehr)
Ticketfachkraft (Luftverkehr)
Fachkraft für Reservierung (Luftverkehr)
Fachkraft für Telefonverkauf (Luftverkehr)
Luftverkehrsangestellte/r (Verkauf/Kundenbetreuung)
Sachbearbeiter/in für Verkauf/Kundenbetreuung (Luftverkehr)
Sachbearbeiter/in für Touristik/Privatreiseteams (Luftverkehr)
Sachbearbeiter/in für Geschäftsreisen (Luftverkehr)
Sachbearbeiter/in für Flugdisposition (Luftverkehr)
Sachbearbeiter/in für Flugtarife (Luftverkehr)
Sachbearbeiter/in für Agenturbetreuung (Luftverkehr)
Sales and Administration Clerk (Luftverkehr)
Verkaufsinnendienstmitarbeiter/in (Luftverkehr)
Business Support Executive (Luftverkehr)
Reklamationssachbearbeiter/in (Luftverkehr)

Aufgaben:

Durchführen von telefonischen und persönlichen Verkaufs- und Kundenberatungsgesprächen in Stadtbüros oder Verkaufsbüros am Flughafen

Erteilen von Auskünften über Flugverbindungen, Tarife, verfügbare Plätze

Vornehmen von Platzreservierungen

Berechnen von Flugpreisen, ggf. Ausarbeiten von individuellen und komplexen Angeboten für Privat- und Firmenkunden, Agenten, Reiseveranstalter

 Checken Sie

Berufe Check

Durchführen von Buchungen, Ausstellen von Flugscheinen (Tickets)

Bearbeiten von Umbuchungen, Umschreibungen, Tickethinterlegungen, Erstattungen und Stornierungen

Informieren über Serviceeinrichtungen von Flughäfen, internationale Fluggepflogenheiten (z.B. Check-In), spezielle Rechtsvorschriften (z.B. Einreise-, Zollbestimmungen) und gesundheitliche Voraussetzungen

Reservieren von Hotelzimmern und Mietwagen

Erledigen von administrativen Aufgaben im Verkaufsinnendienst

Mitwirken bei Verkaufsförderungsaktionen

Bearbeiten von Gewährleistungsansprüchen aus dem Luftbeförderungsvertrag, z.B. Personen-, Gepäck-, Verspätungsschaden, Überbuchung, Flugscheinverlust

☐ **Servicekaufmann/-kauffrau in der Passageakquisition (Luftverkehr)**
Passageakquisiteur/in (Luftverkehr)
Sales Representative in der Passageakquisition (Luftverkehr)
Verkaufsrepräsentant/in in der Passageakquisition (Luftverkehr)
Gebietsverkaufsrepräsentant/in in der Passageakquisition (Luftverkehr)

Aufgaben:

Beraten und Betreuen von Reiseveranstaltern, Reisebüros und Firmenkunden im Außendienst hinsichtlich der Produktpalette der jeweiligen Luftverkehrsgesellschaft

Akquirieren von Neukunden

Führen von Verkaufsverhandlungen und Abschließen von Rahmenverträgen

Unterstützen der Verkaufsförderungsaktivitäten im Verkaufsgebiet

Ausbauen und Pflegen des Kundendienstes der jeweiligen Luftverkehrsgesellschaft

Organisieren von und Mitwirken bei Messen

☐ **Servicekaufmann/-kauffrau in der Verkehrsabrechnung (Luftverkehr)**
Sachbearbeiter/in für Verkehrsabrechnung (Luftverkehr)
Sachbearbeiter/in für Linienabrechnung (Luftverkehr)
Revenue Accountant (Luftverkehr)

Aufgaben:

Erstellen und Kontrollieren der Verkehrsabrechnung (Flugscheinabrechnung)

Bearbeiten von Beförderungsdokumenten zum Zweck der Aufbereitung der Flugleistungsdaten für das Rechnungswesen und den Vertrieb

Durchführen der Interlineabrechnung und -kontrolle der von den Fluggesellschaften gegenseitig akzeptierten Flugtickets

Ggf. Erstellen und Überprüfen der Bordverkaufsabrechnung

✓ Checken Sie

Check Berufe

Mit dem Erwerb der arbeits- und berufspädagogischen Eignung gemäß der Ausbildereignungsverordnung (AEVO)

können folgende Tätigkeiten ausgeübt werden:

☐ **Ausbilder/in (Luftverkehr)**

☐ **Ausbildungsbeauftragte/r (Luftverkehr)**

Aufgaben:

Durchführen des betrieblichen Teils der Berufsausbildung nach dem Berufsbildungsgesetz

Mitwirken bei der Planung, Koordination und Überwachung der im Betrieb durchgeführten Aus- und Fortbildung

Ggf. Mitwirken in der überbetrieblichen Berufsausbildung und/oder -fortbildung

Durch entsprechende langjährige Berufserfahrung sowie die Teilnahme an innerbetrieblichen Lehrgängen

(z.B. Fach- und Führungslehrgänge, Service und Verhaltenstraining, Flugbetriebssicherheit) und ggf. an vorwiegend aufstiegsorientierten außerbetrieblichen Weiterbildungsmaßnahmen (siehe „Check Weiterbildung") erweitern sich die Möglichkeiten für Servicekaufleute im Luftverkehr beträchtlich. Folgende Positionen liegen dann im Stations- und Verkaufsbereich besonders nahe:

☐ **Sektionsleiter/in (Luftverkehr)**
Section Leader (Luftverkehr)

☐ **Assistant Flight Manager**
Flight Manager

☐ **Leiter/in Flugscheinschalter**
Ticketing Supervisor (Luftverkehr)

☐ **Sales Manager (Luftverkehr)**
Account Manager (Luftverkehr)
Gruppenleiter/in im Verkaufsbereich (Luftverkehr)
Stellvertretende/r Leiter/in einer Gebietsverkaufsleitung (Luftverkehr)

☐ **Sektionsleiter/in Reservierung (Luftverkehr)**
Teamleiter/in Reservierung (Luftverkehr)
Reservations-Supervisor (Luftverkehr)

 Checken Sie

Aufgaben:

In allen Bereichen:

Verantwortliches Führen und fachliches Anweisen sowie Beraten und Betreuen eines Teams oder einer Schicht von Fachkräften

Führen von Verhandlungen mit Kunden, Treffen von Entscheidungen betreffend Kunden mit einem besonderen Anliegen

Planen und Organisieren der anfallenden Arbeiten, Verteilen von Aufgaben an die Mitarbeiter

Führen von Beurteilungs- bzw. Zielabsprachegesprächen mit den Mitarbeitern

Weitergeben fachlicher Veränderungen, Vermitteln eines angemessenen Serviceverhaltens an die Mitarbeiter

Erledigen schwieriger/anspruchsvoller Aufgaben im entsprechenden Fachbereich

Berichterstatten an vorgesetzte Stellen (z.B. Stationsbetriebsleitung)

Im Stationsbereich zusätzlich:

Inhaltliches und terminliches Koordinieren der Arbeiten mit anderen Stellen, Fachbereichen, Luftverkehrsgesellschaften zur Sicherstellung der pünktlichen Abwicklung des täglichen Flugverkehrs

Im Verkaufsbereich zusätzlich:

Führen von Verhandlungen, Abstimmen der eigenen Aktivitäten mit anderen Luftverkehrsgesellschaften, mit Reisebüros, Reiseveranstaltern, speziellen Kundenkreisen sowie mit den Bereichen Marketing und Produktmanagement

☐ **Stationsbetriebsleiter/in (Luftverkehr)**
Betriebsleiter/in Stationsbereich (Luftverkehr)

Aufgaben:

Verantwortliches Leiten des täglichen Stationsbetriebes bzw. der täglichen Verkehrsabwicklung und Kundenbetreuung am Flughafen, dabei insbesondere:

Treffen von Entscheidungen über Vorgehensweisen, Prioritäten, Alternativen zur Gewährleistung des reibungslosen und pünktlichen Ablaufs des täglichen Verkehrsbetriebes, z.T. in Abstimmung mit anderen Betriebsstellen (z.B. Verkehrszentrale, Crew-Einsatz, Technik) sowie anderen Luftverkehrsgesellschaften

Mitentscheiden bei Personalfragen im Stationsbereich

Berichterstatten an vorgesetzte Stelle (Stationsleitung)

Ggf. auch Wahrnehmen von Aus- und Weiterbildungsaufgaben

☐ **Gruppenleiter/in im administrativen Bereich (Luftverkehr)**
Teamleiter/in im administrativen Bereich (Luftverkehr)
Sachgebietsleiter/in im administrativen Bereich (Luftverkehr)

Aufgaben:

Verantwortliches Leiten einer Gruppe, eines Teams oder eines Sachgebietes im administrativen Bereich eines Luftverkehrsunternehmens, z.B. in den Bereichen

Organisation und Planung

Finanz- und Rechnungswesen

Check Berufe

Personalwesen

Datenverarbeitung

Treffen von Entscheidungen über organisatorische Steuerungsmaßnahmen, Fachprobleme und Vorgehensweisen, ggf. in Abstimmung mit anderen Fachbereichen

Treffen von Sachentscheidungen

Führen von Beurteilungs- bzw. Zielabsprachegeprächen mit nachgeordneten Führungskräften

Herstellen und Pflegen von Kontakten mit Großkunden, Organisationen, Behörden, anderen Luftverkehrsunternehmen, Reiseveranstaltern u.a. (je nach Bereich)

Entscheiden über Personalfragen in Abstimmung mit der Personalabteilung und ggf. vorgesetzten Stellen

Berichterstatten an vorgesetzte Stellen

Übernehmen der Budget- und Kostenverantwortung in der eigenen Abteilung

Inhaltliches und terminliches Planen, Organisieren und Steuern der zu erledigenden Fachaufgaben

Betreuen und Unterstützen der unterstellten Mitarbeiter

Abstimmen und Koordinieren der Betriebsabläufe und der Zusammenarbeit (auch mit anderen Führungskräften)

Treffen von Personalentscheidungen im Bereich der Abteilung in Zusammenarbeit mit der Personalabteilung

Besprechen und Klären auftretender Probleme zwischen Vorgesetzten und Mitarbeitern

Herstellen und Pflegen von Kontakten mit anderen Luftverkehrsunternehmen, internationalen Flugverkehrsorganisationen, Behörden, Großkunden, Reiseveranstaltern u.a. (je nach Bereich)

☐ **Abteilungsleiter/in (Luftverkehr)**
Stationsleiter/in (Luftverkehr)
Passageleiter/in (Luftverkehr)
Verkaufsleiter/in (Luftverkehr)
Leiter/in Organisationseinheit (Luftverkehr)

Aufgaben:

Verantwortliches Leiten einer Station, eines Passageverkaufsgebietes, der Verkaufsabteilung oder einer administrativen Abteilung eines Luftverkehrsunternehmens, dabei insbesondere:

Entscheiden über grundsätzliche, die Arbeit der Abteilung betreffende Fragen in Übereinstimmung mit der Unternehmenspolitik und den vorgegebenen Richtlinien

Auch in der Flugbegleitung bieten sich durch entsprechende langjährige Berufserfahrung und die Teilnahme an innerbetrieblichen Fach- und Aufstiegslehrgängen

gute Aufstiegsmöglichkeiten für Servicekaufleute im Luftverkehr. Folgende Positionen liegen dann besonders nahe:

Berufe Check

☐ Erste/r Flugbegleiter/in Chef de Cabine (CDC)

Aufgaben:

Grundsätzlich Durchführen aller berufsüblichen Tätigkeiten in der Flugbegleitung

Wahrnehmen der Vorgesetztenfunktion gegenüber unterstellten Flugbegleitern (im Rahmen allgemeiner Weisungen insbesondere in Teilbereichen Dispositions-, Weisungs- und/oder Aufsichtsbefugnis)

Betreuen von „schwierigen" Fluggästen u.ä.

Hinweis:

Vorrangig als Aufstiegsposition in bezug auf die Tarifposition zu betrachten

☐ Purser/Purserette (Flugbegleitung)

Aufgaben:

Verantwortliches Leiten eines Flugbegleiterteams während eines Flugumlaufes (an Bord und bei Zwischenaufenthalten)

Verantwortlich für die Einhaltung der Sicherheitsvorschriften durch Passagiere und Flugbegleiter/innen

Verantwortlich für die Durchführung des Bordservice nach den Richtlinien und Arbeitsanweisungen der Fluggesellschaft

Koordinieren und Steuern der Arbeitseinteilung der Flugbegleiter/innen während des Flugumlaufes

Koordinieren der Borddienstbelange während des Streckeneinsatzes mit der Cockpitbesatzung und den Stationen

Informieren der Dienststelle über erkannte Mängel, Unzulänglichkeiten und Vorkommnisse

Ggf. praktisches Mitarbeiten

Hinweis:

Gesprächspartner/in des/der verantwortlichen Flugzeugführers/in in allen dienstlichen Angelegenheiten, die die Kabinenbesatzung betreffen

☐ Trainingspurser/-purserette Ausbilder/in für Flugbegleiter/innen

Aufgaben:

Unterstützen der Gruppenleitung im Flugbetrieb bei der Betreuung, Führung und Anleitung der Flugbegleiter/innen einer Gruppe

Trainieren und Beurteilen der Purser/Purseretten und Flugbegleiter/innen

Verantwortlich für die Erreichung und Erhaltung eines hohen Servicestandards im Hinblick auf eine fürsorgliche und aufmerksame Betreuung der Passagiere

Mitwirken bei der Einführung von fluggesellschaftsspezifischen Neuerungen u.ä.

Weitergeben von Informationen und Erfahrungen aus dem Streckeneinsatz

Hinweis:

Ansatz als reguläres oder zusätzliches Besatzungsmitglied

Check Berufe

☐ Gruppenleiter/in im Flugbetrieb (Flugbegleitung)

Aufgaben:

Führen und Betreuen der Flugbegleiter/innen einer Gruppe (i.d.R. sind Gruppen entweder nach zu fliegenden Flugzeugtypen oder nach geografischen Gesichtspunkten – Zielländern – abgegrenzt)

Einarbeiten von Trainingspursern/ -purseretten und Pursern/Purseretten

Abstimmen von Borddienstbelangen mit der Dienststelle

Verantwortlich für die Erhaltung und Verbesserung eines hohen Standards in der Passagierbetreuung

Hinweis:

Vorrangig leitende bzw. verwaltende Tätigkeit im Innendienst, aber auch fliegerische Tätigkeit auf den Strecken der Gruppe zu Überprüfungszwecken

☐ Abteilungsleiter/in im Flugbetrieb (Flugbegleitung) Chefsteward/ess (Flugbegleitung)

Aufgaben:

Planen und Kontrollieren des Personalbedarfs und -budgets

Erarbeiten von Daten für die Personalführungsarbeit

Personalverwaltung

Verantwortlich für Erstellung der Dienst- bzw. Urlaubspläne für die Flugbegleiter/innen

Erarbeiten und Herausgeben von Informationen, Dienstvorschriften und Arbeitsanweisungen

Koordinieren von Borddienstbelangen

☐ Lehrpurser/-purserette (Flugbegleiterschulung)

Aufgaben:

Ausbilden von Flugbegleitern nach den Richtlinien und dem Servicestandard der Fluggesellschaft

Ausbilden von Pursern/Purseretten, insbesondere im Hinblick auf Leitung und Überwachung der unterstellten Mitarbeiter

Programmentwicklung und konzeptionelles Gestalten für Kurse sowie Erstellen von Lehrmitteln

Koordinieren von Lerninhalten und Lernzielen mit den Gegebenheiten der Praxis während des aktiven Flugeinsatzes

Einweisen von Flugbegleitern und Pursern/Purseretten während des aktiven Flugeinsatzes

Hinweis:

Tätigkeit in der Abteilung „Flugbegleiterschulung", nur gelegentlicher Streckeneinsatz

☐ Gruppenleiter/in in der Flugbegleiterschulung

☐ Abteilungsleiter/in in der Flugbegleiterschulung

Aufgaben:

Verantwortliches Leiten einer Gruppe (Abgrenzung z.B. nach zu fliegenden Flugzeugtypen) bzw. einer Abteilung (mehrere Gruppen) im Rahmen der Flugbegleiterschulung, im einzelnen z.B.:

 Checken Sie

Berufe Check

Verantwortlich für die Ausbildung von Flugbegleitern, Pursern/Purseretten bzw. Trainingspursern/-purseretten unter Beachtung rechtlicher, pädagogischer, psychologischer und physiologischer Aspekte und der fachlichen Erfordernisse

Verantwortlich für das Weiterentwickeln des Schulungssystems und der Ausbildungsmethoden, konzeptionelles Gestalten von Fort- und Weiterbildungsmaßnahmen

Heranbilden des Lehrer/innen- bzw. Lehrpurser/-purseretten-Nachwuchses

Durchführen von Seminaren und externen Schulungen; Durchführen bzw. Auswerten von Seminarbeurteilungen der Teilnehmer

Durchführen von Consulting-Aufträgen für andere Fluggesellschaften im Rahmen der Flugbegleiterschulung, Weitergeben von Erfahrungen

Berufe im Bereich
Touristik, Fremdenverkehr, Reiseleitung

wählen Sie, weil…

✗ Sie können auf entsprechende IATA-Kenntnisse (Flugtarifberechnung, Reise- und Verkehrsgeographie) zurückgreifen.

✗ Sie sind kompetent in der kunden- und serviceorientierten Beratung und haben Erfahrung im Verkauf von Dienstleistungen aus dem Luftverkehrsbereich.

✗ Sie sind in der Lage, Kunden über Reisezielgebiete und ihre soziokulturellen Besonderheiten, Einreise- und Zollbestimmungen, Übernachtungsmöglichkeiten sowie Veranstaltungen und Ausflüge am Zielort zu informieren.

✗ Sie können Reiseverbindungen heraussuchen, Reservierungen vornehmen, Buchungen durchführen und weiterleiten sowie Beförderungsdokumente ausstellen.

✗ Sie haben Erfahrung in der Bearbeitung von Umbuchungen, Umschreibungen, Stornierungen und Reklamationen.

✗ Sie können auf Fremdsprachenkenntnisse zurückgreifen und sind fit in allgemeinen Büro- und Verwaltungsarbeiten, z.B. im Erledigen von Schriftverkehr, Anfertigen von Dokumenten und Statistiken, Abwickeln von Abrechnungs- und Zahlungsvorgängen.

Check Berufe

✗ Sie beherrschen moderne Informations- und Kommunikationssysteme, insbesondere Reservierungs- und Buchungssysteme (z.B. START/AMADEUS), zur Durchführung Ihrer Aufgaben.

Mit meist kurzer Einarbeitung

können Sie tätig werden als:

- ☐ IATA-Fachkraft
- ☐ Flugreisenberater/in
- ☐ Flugreisensachbearbeiter/in
- ☐ Sales representative (Flugreisen)

Mit entsprechender Einarbeitung und/oder Schulung

stehen Ihnen selbstverständlich auch andere Beschäftigungsmöglichkeiten im Touristik- und Fremdenverkehrsbereich offen, z.B. als:

- ☐ Reisebürofachkraft
  für Bahn-, Bus- und Schiffsreisen
- ☐ Counterfachkraft
  für Bahn-, Bus- und Schiffsreisen
- ☐ Touristikfachberater/in
  für Bahn-, Bus- und Schiffsreisen
- ☐ Touristiksachbearbeiter/in
  für Bahn-, Bus- und Schiffsreisen

- ☐ Reservierungsangestellte/r
  für Bahn-, Bus- und Schiffsreisen
- ☐ Incoming-Sachbearbeiter/in
  (Reiseverkehr)
- ☐ Firmendienstspezialist/in
  (Reiseverkehr)
- ☐ Incentive-Reisen-Fachkraft
- ☐ Akquisiteur/in (Reiseveranstalter)
  Verkaufsrepräsentant/in (Reiseveranstalter)
  Sales Manager (Reiseveranstalter)
- ☐ Reklamationssachbearbeiter/in (Reiseveranstalter, Reisevermittler)
  Mitarbeiter/in für den Kundenservice (Reiseveranstalter, Reisevermittler)
- ☐ Fremdenverkehrsfachkraft
  im Gäste- und Hostessendienst/ für Kongresse und Tagungen/für den Zimmernachweis
- ☐ Fachkraft in Kur- und Bäderverwaltungen

Mit entsprechender Einarbeitung und ggf. Teilnahme an Lehrgängen

ist auch eine Tätigkeit denkbar als:

- ☐ Flughafenbetreuer/in (bei Reiseveranstaltern)
- ☐ Reisehostess

✓ Checken Sie

Berufe Check

- ☐ Omnibussteward/ess
- ☐ Reiseleiter/in
- ☐ Gebietsrepräsentant/in (Reiseleitung)
- ☐ Animationsreiseleiter/in

Berufe im Bereich
Gästebetreuung, Hotel- und Gaststättenwesen

wählen Sie, weil...

✗ Sie sind kompetent in der aufmerksamen Betreuung von Gästen (Einzelpersonen und Personengruppen).

✗ Sie haben Erfahrung in der kunden- und serviceorientierten Führung von Informations-, Beratungs- und Verkaufsgesprächen, ggf. auch in einer Fremdsprache.

✗ Sie verfügen über Kenntnisse in der Hotel- und Mietwagenreservierung.

✗ Sie sind mit gastronomischen Grundsätzen (Service, Servierregeln, Hygiene)' vertraut und können auf warenkundliche Grundkenntnisse im Speisen- und Getränkebereich zurückgreifen.

✗ Sie beherrschen die allgemeinen Büro- und Verwaltungsarbeiten, z.B. Erledigen von Schriftverkehr, Anfertigen von Dokumenten und Statistiken, Abwickeln von Abrechnungs- und Zahlungsvorgängen.

✗ Sie sind in der Lage, moderne Informations- und Kommunikationssysteme zur Durchführung Ihrer Aufgaben zu verwenden.

☑ Checken Sie

Check Berufe

Falls Sie entsprechende Fremdsprachenkenntnisse (in erster Linie Englisch) besitzen oder diese noch erwerben,

können Sie mit Einarbeitung und Schulung in den Bereichen Gästeservice und Hotelwesen (z.B. Empfang, Büro/Sekretariat, Wirtschafts-, Verkaufs-, Bankettabteilung tätig werden als:

- ☐ Informationshostess
- ☐ Messehostess
- ☐ Kongresshostess
- ☐ Hostess bei Großsportveranstaltungen
- ☐ Guest Relations Representative (Hotel)
- ☐ VIP-Hostess (Hotel)
  VIP-Fachkraft (Hotel)
- ☐ Hotelrezeptionist/in
  Empfangsangestellte/r (Hotel)
  Front Office Clerk
- ☐ Hotelreservierungssachbearbeiter/in
- ☐ Food and Beverage Assistant
- ☐ Bankettsachbearbeiter/in
  Veranstaltungssekretär/in (Hotel)

- ☐ Hotelverkaufssachbearbeiter/in
  Sales Secretary (Hotel)
- ☐ Sales Representative (Hotel-Außendienst)

Mit mehrjähriger Berufserfahrung im Hotelempfang und in der Gästebetreuung

ist eine Tätigkeit möglich als:

- ☐ Guest Relations Manager (Hotel)
- ☐ Empfangschef/in (Hotel)
  Front Office Manager
- ☐ Reservierungsleiter/in (Hotel)

Mit entsprechender Einarbeitung und/oder Schulung

in den Bereichen Servierkunde, Speisen- und Getränkekunde, Systemgastronomie, Catering ist auch eine Tätigkeit denkbar als:

- ☐ Spezialist/in für Systemgastronomie
- ☐ Restaurantleiter/in bei Fast-Food-Ketten
- ☐ Catering-Fachkraft
  Fachkraft für Gemeinschaftsverpflegung

 Checken Sie

Berufe Check

- ☐ Restaurantfachkraft
- ☐ Etagenkellner/in
  Commis d'étage
- ☐ Barkellner/in
  Commis de bar
- ☐ Steward/ess im Zugrestaurant
- ☐ Schiffssteward/ess
  Kabinensteward/ess

Mit entsprechener, z.T. längerer Einarbeitung

und/oder Schulung (z.B. über Verwaltungsfragen, Personalführung usw.) können Sie außerdem arbeiten als:

- ☐ Feriendorfverwalter/in
  Leiter/in einer Ferieneinrichtung
- ☐ Ferienclubleiter/in
  Ferienclub-Manager/in
- ☐ Leiter/in eines Campingplatzes

Ggf. auch:

- ☐ Leiter/in einer Freizeiteinrichtung
  Leiter/in eines Freizeitparks

Berufe im Bereich Luftverkehr (Frachtbeförderung)

wählen Sie, weil...

- ✗ Sie sind mit der Organisation des Luftverkehrs sowie von Flughäfen und Fluglinien vertraut.
- ✗ Sie sind kompetent in der kunden- und serviceorientierten Beratung und haben Erfahrung im Verkauf von Dienstleistungen aus dem Luftverkehrsbereich.
- ✗ Sie verfügen über verkehrsgeographische Kenntnisse.
- ✗ Sie können auf Kenntnisse in der Flugzeugabfertigung zurückgreifen.
- ✗ Sie haben Erfahrung in der Reklamationsbearbeitung.
- ✗ Sie verfügen über luftverkehrsspezifische Fremdsprachenkenntnisse und sind fit in allgemeinen Büro- und Verwaltungsarbeiten, z.B. im Erledigen von Schriftverkehr, Anfertigen von Dokumenten und Statistiken, Abwickeln von Abrechnungs- und Zahlungsvorgängen.
- ✗ Sie können Ihre Aufgaben mit Hilfe von modernen Informations- und Kommunikationssystemen durchführen.

☑ Checken Sie

Check Berufe

Mit entsprechender Einarbeitung und Teilnahme an speziellen Lehrgängen

(z.B. Frachtverkehr, -verkauf, -tarife, -abfertigung) können Sie tätig werden als:

- ☐ Sachbearbeiter/in für Frachtabrechnung (Luftverkehr)
- ☐ Sachbearbeiter/in für Frachtreservierung (Luftverkehr)
- ☐ Sachbearbeiter/in für Frachtverkauf (Luftverkehr)
- ☐ Luftfrachtagent/in Cargo Agent (Luftverkehr)
- ☐ Frachtakquiseur/in (Luftverkehr)
- ☐ Sachbearbeiter/in für Ladeplanung (Luftfracht)
- ☐ Sachbearbeiter/in für Frachtflugzeugabfertigung
- ☐ Sachbearbeiter/in für Tracing/Nachforschung (Luftfracht)
- ☐ Kundendienstsachbearbeiter/in (Luftfracht)
- ☐ Reklamationssachbearbeiter/in (Luftfracht)

Berufe im Bereich Transport und Verkehr (allgemein)

wählen Sie, weil...

✗ Sie haben Erfahrung in der Ermittlung von Preisen für Verkehrsdienstleistungen sowie im Ausfindigmachen optimaler Verkehrsrouten und günstiger Verbindungen.

✗ Sie sind kompetent in der kunden- und serviceorientierten Führung von Informations-, Beratungs- und Verkaufsgesprächen, ggf. auch in einer Fremdsprache.

✗ Sie kennen einschlägige Zoll-, Devisen- und Beförderungsbestimmungen.

✗ Sie können auf verkehrsgeographische Kenntnisse zurückgreifen.

✗ Sie haben Erfahrung in der Bearbeitung von Umbuchungen, Umschreibungen, Stornierungen und Reklamationen.

✗ Sie sind fit in allgemeinen Büro- und Verwaltungsarbeiten, z.B. im Erledigen von Schriftverkehr, Anfertigen von Dokumenten und Statistiken, Abwickeln von Abrechnungs- und Zahlungsvorgängen.

✗ Sie beherrschen moderne Informations- und Kommunikationssysteme zur Durchführung Ihrer Aufgaben.

☑ Checken Sie

Berufe Check

Mit entsprechender Einarbeitung und Schulung

(z.B. über spezielle Problematiken des Eisenbahn-, Straßen- und Schiffahrtsverkehrs, der Fracht- bzw. Personenbeförderung, Tariffragen, Zoll-, Devisenbestimmungen) können Sie tätig werden als:

- ☐ Kaufmännische Fachkraft für Verkehrsservice
- ☐ Kaufmännische Fachkraft im Speditionsgewerbe

  z.B. in der

  Kraftwagenspedition
  Internationalen Spedition
  Sammelladungsspedition
  Möbelspedition
  Messespedition
  Kunstspedition
  Gefahrgutspedition
  Projektspedition

- ☐ Kaufmännische Fachkraft im Schiffahrtsverkehr
- ☐ Kaufmännische Fachkraft in der Seehafenspedition
- ☐ Kaufmännische Fachkraft in der Binnenschiffahrts- und Binnenumschlagsspedition
- ☐ Kaufmännische Fachkraft im Eisenbahn- und Straßenverkehr
- ☐ Kaufmännische Fachkraft in der Bahnspedition

Berufe im Bereich Autovermietung

wählen Sie, weil...

✗ Sie verfügen über Kenntnisse in der Mietwagenreservierung.

✗ Sie sind versiert in der kunden- und serviceorientierten Führung von Informations-, Beratungs- und Verkaufsgesprächen, ggf. auch in einer Fremdsprache.

✗ Sie haben Erfahrung in der Reklamationsbearbeitung.

✗ Sie beherrschen die allgemeinen Büro- und Verwaltungsarbeiten, z.B. Erledigen von Schriftverkehr, Anfertigen von Dokumenten und Statistiken, Abwickeln von Abrechnungs- und Zahlungsvorgängen.

✗ Sie können moderne Informations- und Kommunikationssysteme zur Durchführung Ihrer Aufgaben verwenden.

Mit Einarbeitung und ggf. Schulung

(z.B. über Tarife, Verträge und Zusatzversicherungen in der Autovermietung) können Sie tätig werden als:

- ☐ Vermietberater/in (Autovermietung)
  Vermietrepräsentant/in (Autovermietung)
- ☐ Sachbearbeiter/in in der Autovermietung

☑ Checken Sie

Check Berufe

Berufe im Bereich
Vertrieb, Verkauf, Service, Handel

wählen Sie, weil...

✗ Ihnen sind die Regeln für kunden- und serviceorientiertes Verhalten vertraut.

✗ Sie sind kompetent in der Führung von persönlichen und telefonischen Kundenberatungs- und Verkaufsgesprächen.

✗ Sie haben Erfahrung in der Annahme und Bearbeitung von Gewährleistungsansprüchen.

✗ Sie können auf handelsrechtliche Kenntnisse (z.B. in bezug auf Rechtsgeschäfte, Schuldverhältnisse) zurückgreifen.

✗ Sie verfügen über Produktkenntnisse in den Bereichen Luftverkehrstechnik (Abfertigungs-, Sicherheitsbereich), luftverkehrsbezogene DV-Anwendungen, Bürowirtschaft, Gastronomiebedarf.

✗ Sie können auf eine serviceorientierte Fremdsprachenqualifikation zurückgreifen (z.B. am Telefon, bei Beratungen, im Rahmen der Geschäftskorrespondenz).

Insbesondere für Produkte

wie z.B.:
luftverkehrstechnische Geräte und Einrichtungen (insbesondere aus dem Abfertigungs- und Sicherheitsbereich)
Büromaterialien, Bürogeräte, Büroeinrichtungen, Bürokommunikationsmittel, EDV-Hard- und Software
Cateringprodukte, Gastronomiebedarf
Reiseliteratur, Reise-, Straßenkarten, Atlanten
Reisezubehör (Reisegepäck, -bekleidung usw.)
können Sie mit entsprechender Einarbeitung und/oder Schulung (z.B. in bezug auf spezielle Verkaufstechniken) tätig werden als:

☐ Fachverkäufer/in

☐ Fachberater/in

☐ Außendienstmitarbeiter/in

☐ Akquisiteur/in

☐ Vertriebsbeauftragte/r

☐ Verlagsvertreter/in

☐ Vertriebsassistent/in

☐ Vertriebskaufmann/-kauffrau

☐ Verkaufssachbearbeiter/in

☐ Auftragssachbearbeiter/in

☐ Kundenservicefachkraft

☐ Gewährleistungssachbearbeiter/in

 Checken Sie

Berufe Check

Selbstverständlich stehen Ihnen im Vertriebs-, Verkaufs- und Servicebereich auch Möglichkeiten außerhalb der oben genannten Branchen offen. Allerdings ist in der Regel eine entsprechende Einarbeitung in den jeweiligen Produktbereich erforderlich.

Mit entsprechender Einarbeitung und Teilnahme an Lehrgängen

(z.B. über internationalen Warenverkehr, Import/Export, Gütertransport, dokumentäre Abwicklung von Außenhandelsgeschäften) ist eine Tätigkeit möglich als:

- ☐ Exportsachbearbeiter/in
- ☐ Importsachbearbeiter/in
- ☐ Außenhandelskaufmann/-kauffrau

Aufgrund Ihrer Erfahrung in kundenorientierter Kommunikation

können Sie mit entsprechender Einarbeitung und/oder Schulung auch eine Tätigkeit ausüben als:

- ☐ **Telemarketing-Berater/in**
  für besonders qualifizierte Informations-, Beratungs- und Verkaufsaufgaben

- ☐ **Hotline-Berater/in**
  für besonders qualifizierte Informations-, Beratungs- und Verkaufsaufgaben

- ☐ **Call Center Agent**
  für besonders qualifizierte Informations-, Beratungs- und Verkaufsaufgaben

Mit entsprechender Berufs- und Führungserfahrung

im Call Center-Bereich möglich:

- ☐ **Teamleiter/in Call Center Supervisor Call Center**

☑ Checken Sie

Check Berufe

Berufe im Bereich
Banken, Bausparkassen, Versicherungen, Immobilien

wählen Sie, weil...

✗ Ihnen sind die Regeln für kunden- und serviceorientiertes Verhalten vertraut.

✗ Sie haben Erfahrung in der Führung von persönlichen und telefonischen Informations-, Beratungs- und Verkaufsgesprächen.

✗ Sie sind mit der Abwicklung von Zahlungsvorgängen, auch in Fremdwährungen, vertraut.

✗ Sie verfügen über Kenntnisse im Bereich Reiseversicherungen.

✗ Sie sind fit in allgemeinen Büro- und Verwaltungsarbeiten, z.B. im Erledigen von Schriftverkehr, Anfertigen von Dokumenten und Statistiken.

✗ Sie beherrschen moderne Informations- und Kommunikationssysteme zur Durchführung Ihrer Aufgaben.

Mit entsprechender Einarbeitung und Weiterbildung

(z.B. spezielle Verkaufstechniken und Rechtsgebiete im Finanzdienstleistungsbereich, Produkte und Dienstleistungen aus dem Banken-, Bausparkassen-, Versicherungs- und Immobilienbereich) können Sie tätig werden als:

☐ **Telefonische/r Kundenberater/in**
in Service-Centern von (Direkt-)Banken, (Direkt-)Versicherungen und Bausparkassen

☐ **Fachkraft im Telefonverkauf**
in Service-Centern von (Direkt-)Banken, (Direkt-)Versicherungen und Bausparkassen

☐ **Schaltermitarbeiter/in (Bank- und Kreditwesen)**

☐ **Kundenberater/in (Bank- und Kreditwesen)**

☐ **Bausparberater/in im Außendienst**

☐ **Filial-Kundenberater/in (Bausparkasse)**

☐ **Versicherungsagent/in**

☐ **Kundenbetreuer/in im Versicherungsaußendienst**

☐ **Immobilienberater/in**

Berufe Check

Berufe im Bereich
Büro, Sekretariat, allgemeine kaufmännische Verwaltung

wählen Sie, weil...

✗ Sie sind fit in allgemeinen Büro- und Verwaltungsarbeiten, z.B. im Erledigen von Schriftverkehr, Anfertigen von Dokumenten, Protokollen und Statistiken, Beachten von Terminen und Fristen.

✗ Sie verfügen über Kenntnisse in allgemeinen kaufmännischen Tätigkeiten, z.B. Zahlungsverkehr, Kassenabrechnung, Buchführung.

✗ Sie sind in der Lage, moderne Büroorganisations- und Bürokommunikationsmittel zu Ihrer Aufgabenerledigung zu verwenden.

✗ Sie haben Erfahrung in der serviceorientierten Kundenberatung und -betreuung.

✗ Sie können auf Fremdsprachenkenntnisse zurückgreifen.

Mit entsprechender Einarbeitung und/oder Schulung

(z.B. in bezug auf spezielle kaufmännische Anwendersoftware, Büroorganisation, Schreibtechnik) können Sie tätig werden als:

☐ Empfangsbürokraft Rezeptionist/in in großen Wirtschaftsunternehmen

☐ Fachkraft für Bürokommunikation

☐ Teamassistent/in

☐ Kommunikationsassistent/in (Büro)

☐ Assistent/in für Textverarbeitung

☐ Sekretariatsfachmann/-fachfrau

☐ Kaufmännische/r Sachbearbeiter/in

☐ Kaufmännische/r Betriebsassistent/in

Mit z.T. längerer Einarbeitung bzw. Weiterbildung

ist auch eine Tätigkeit denkbar als:

☐ Office-Manager/in

☐ Managementassistent/in

☐ Direktionsassistent/in

☑ Checken Sie

Check Berufe

Berufe im Bereich
Personal- und betriebliches Sozialwesen

wählen Sie, weil...

- ✗ Sie können auf Kenntnisse im Arbeits- und Sozialversicherungsrecht zurückgreifen.
- ✗ Sie verfügen über Kenntnisse in den Bereichen Personalplanung, -marketing, -beschaffung, -auswahl und -betreuung, in der Aufstellung von Personal- und Dienstplänen sowie in der manuellen und DV-gestützten Arbeitszeiterfassung.
- ✗ Sie sind in der Lage, einfache Engeltab- und -berechnungen durchzuführen.
- ✗ Sie sind fit in allgemeinen Büro- und Verwaltungsarbeiten, z.B. im Führen von Personalakten und -statistiken, Erledigen von Schriftverkehr, Beachten von Terminen und Fristen.
- ✗ Sie können Ihre Aufgaben mit Hilfe moderner Informations- und Kommunikationssysteme erledigen.

Mit z.T. längerer Einarbeitung und Schulung

(z.B. in bezug auf Personalwesen allgemein sowie Personalabrechnungs-, Personalverwaltungs- und Zeiterfassungssysteme) können Sie tätig werden als:

- ☐ Personalassistent/in
- ☐ Personalsachbearbeiter/in
- ☐ Assistent/in in der Personalentwicklung

Bei Interesse auch möglich,

und zwar mit kürzerer Einarbeitung unmittelbar nach Ausbildungsabschluß aufgrund der erworbenen Fachkenntnisse, nach längerer Berufstätigkeit in anderen Bereichen jedoch nur nach entsprechenden Auffrischungs- und Weiterbildungskursen:

- ☐ Fachkraft für Lohn- und Gehaltsabrechnung
- ☐ Entgeltreferent/in

Berufe Check

Berufe im Bereich Rechnungswesen, Controlling

wählen Sie, weil...

- ✗ Sie können vorbereitende Arbeiten für die Buchhaltung durchführen, Geschäftsfälle buchungstechnisch erfassen und haben Grundkenntnisse in den entsprechenden rechtlichen Bestimmungen gemäß Handelsrecht.

- ✗ Sie verfügen über Kenntnisse und Erfahrungen in der Bearbeitung von Abrechnungs- und Zahlungsvorgängen, ggf. auch unter Berücksichtigung von Fremdwährungen.

- ✗ Sie können Statistiken erstellen, auswerten und interpretieren.

- ✗ Sie sind mit dem Controlling als Informations-, Planungs-, Steuerungs- und Kontrollinstrument vertraut.

- ✗ Sie sind in der Lage, moderne Informations- und Kommunikationssysteme zu Ihrer Aufgabenerledigung zu benutzen.

- ☐ Sachbearbeiter/in für Finanz- und Rechnungswesen
- ☐ Debitorenbuchhalter/in
- ☐ Kreditorenbuchhalter/in
- ☐ Mahnbuchhalter/in Sachbearbeiter/in für Forderungsmanagement
- ☐ Lohn- und Gehaltsbuchhalter/in
- ☐ Kostenrechner/in

Mit entsprechender Weiterbildung im Controlling

bietet sich Ihnen auch eine Tätigkeit als:

- ☐ Sachbearbeiter/in für Controlling

Mit z.T. längerer Einarbeitung und Schulung

(z.B. in bezug auf spezielle Themen des Rechnungswesens, EDV-Buchhaltungssysteme, Steuerrecht) können Sie tätig werden als:

- ☐ Sachbearbeiter/in für Zahlungsverkehr

✓ Checken Sie

Check Berufe

Berufe im Bereich Marketing, Werbung

wählen Sie, weil...

✗ Ihnen ist die Bedeutung von Marketinginstrumenten wie Produkt-, Preis-, Vertriebspolitik, Werbung, Verkaufsförderung, Public Relations und Kundendienst bekannt.

✗ Sie verfügen über Kenntnisse in der Erfassung und Dokumentation von Kundenwünschen, z.B. mittels Kundenbefragungen.

✗ Sie können ggf. auf Kenntnisse und Erfahrungen in der Erfolgskontrolle von verkaufsfördernden Maßnahmen zurückgreifen.

✗ Sie sind in der Lage, kunden- und serviceorientiert zu denken und zu handeln.

Mit z.T. längerer Einarbeitung, Berufserfahrung und Schulung

(z.B. in bezug auf spezielle Themen aus Marketing und Werbung im Bereich Luftverkehr/Touristik) können Sie tätig werden als:

☐ Marketingassistent/in

☐ Marketingsachbearbeiter/in

☐ Verkaufsförderer/-förderin

☐ Kommunikationsassistent/in in der Werbung

☐ Werbesachbearbeiter/in

☐ Trafficer/in

Aufgrund Ihrer kommunikativen Fähigkeiten

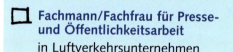

können Sie auch die folgenden Tätigkeiten ausüben. Allerdings ist eine entsprechende Einarbeitung und Schulung in Presse- und Öffentlichkeitsarbeit erforderlich:

☐ **PR-Sachbearbeiter/in** in Luftverkehrsunternehmen

☐ **Fachmann/Fachfrau für Presse- und Öffentlichkeitsarbeit** in Luftverkehrsunternehmen

 Checken Sie

Berufe Check

Berufe im Bereich
Datenverarbeitung (Bereich Verkehrswesen/Touristik)

wählen Sie, weil...

- ✗ Sie kennen Ziele und Einsatzbereiche der Datenverarbeitung sowie deren Auswirkungen auf Arbeits- und Organisationsabläufe.
- ✗ Sie können moderne Informations- und Kommunikationssysteme aufgabenorientiert einsetzen.
- ✗ Sie haben Erfahrung in der Aufbereitung, elektronischen Erfassung und Auswertung von Daten.
- ✗ Sie haben Kenntnisse im Datenschutz und können diese anwenden.

☐ Software-Consultant (Verkehrswesen/Touristik)

☐ DV-Anwendungsberater/in (Verkehrswesen/Touristik)

☐ DV-Hotline-Betreuer/in (Verkehrswesen/Touristik)

☐ IT-Supportmitarbeiter/in (Verkehrswesen/Touristik)

☐ Anwendungstrainer/in (Verkehrswesen/Touristik)

☐ DV-Schulungsbeauftragte/r (Verkehrswesen/Touristik)

☐ DV-Koordinator/in (Verkehrswesen/Touristik)

Mit längerer Einarbeitung und Schulung im Bereich Verkehrs- und Touristiksoftware

(z.B. Passagierabfertigungs-, Flugzeugabfertigungs-, Reservierungs-, Hotelinformationssysteme) finden Sie folgende Beschäftigungsmöglichkeiten im Verkauf, in der Kundenberatung, -betreuung und -schulung:

☐ START-Verfahrensberater/in

☐ DV-Vertriebsbeauftragte/r (Verkehrswesen/Touristik)

✓ Checken Sie

Check Berufe

Berufe im Bereich Sozialversicherung, Öffentliche Verwaltung

wählen Sie, weil...

✗ Sie sind kompetent in der kunden- und serviceorientierten Führung von Informations- und Beratungsgesprächen.

✗ Sie haben Kenntnisse im Personal- und Rechnungswesen.

✗ Sie sind fit in allgemeinen Büro- und Verwaltungsarbeiten, z.B. im Erledigen von Schriftverkehr, Anfertigen von Dokumenten und Statistiken, Abwickeln von Abrechnungs- und Zahlungsvorgängen, Beachten von Terminen und Fristen.

✗ Sie sind in der Lage, Ihre Aufgaben mit Hilfe moderner Informations- und Kommunikationssysteme durchzuführen.

In der Sozialversicherung können Sie mit längerer Einarbeitung und Weiterbildung

(z.B. in bezug auf Sozialversicherungsrecht, -leistungen, -zweige) tätig werden als:

☐ **Kundenberater/in in der gesetzlichen Krankenversicherung**

☐ **Leistungssachbearbeiter/in (Sozialversicherung)**
in der gesetzlichen Kranken-, Unfall- und Rentenversicherung

Mit längerer Einarbeitung und Teilnahme an Lehrgängen

(z.B. in bezug auf bestimmte Verwaltungsabläufe oder Rechtskenntnisse im Verwaltungsbereich) sind folgende Beschäftigungsmöglichkeiten ebenfalls denkbar:

☐ **Angestellte/r (Öffentliche Verwaltung)**
Sachbearbeiter/in (Öffentliche Verwaltung)

z.B. bei

dem Luftfahrt-Bundesamt

Bundes-, Länder-, Kommunalverwaltungen

Bundeswehr

Anstalten des Öffentlichen Rechts (z.B. Versorgungsanstalt des Bundes und der Länder, Bundesanstalt für Arbeit)

Verbänden und Organisationen (z.B. Arbeitsgemeinschaft Deutscher Flughäfen, Luftfahrtverbände, Unabhängige Flugbegleiter Organisation (UFO))

Industrie- und Handelskammern

Checken Sie

Berufe Check

Berufe im Bereich **Personaltraining, Erwachsenenbildung**

wählen Sie, weil...

✗ Sie haben Erfahrung im Umgang und in der Kommunikation mit Menschen.

✗ Sie können Sachverhalte aus dem Luftverkehrs- und kaufmännischen Bereich verständlich darstellen.

✗ Sie sind in der Lage, Ihre Arbeit mit modernen Informations- und Kommunikationssystemen zu bewältigen.

☐ **Schulungsfachkraft (Luftverkehr)**

☐ **Trainer/in (Luftverkehr)**

☐ **Weiterbildungslehrer/in**
für Themen aus dem Luftverkehrs- und kaufmännischen Bereich

☐ **Kursleiter/in**
für Themen aus dem Luftverkehrs- und kaufmännischen Bereich

☐ **Telefontrainer/in**
für kundenorientiertes Verhalten und Kundenakquisition am Telefon

☐ **Verkaufstrainer/in**

Mit längerer Einarbeitung und/oder Schulung

(z.B. in bezug auf Pädagogik, Methodik und Didaktik im Bereich Erwachsenenbildung) bieten sich Ihnen Möglichkeiten als:

☐ **Personaltrainer/in**
für Themen aus dem Luftverkehrs- und kaufmännischen Bereich

☐ **Schulungsreferent/in**
für Themen aus dem Luftverkehrs- und kaufmännischen Bereich

☑ **Checken Sie**

Check Selbständigkeit

Selbständigkeit

kommt vielleicht für Sie auch irgendwann in Frage. Sie können entweder ein Unternehmen neu gründen, sich an einem bestehenden Unternehmen beteiligen oder aber auch einen Betrieb übernehmen. Und schließlich ist Selbständigkeit auf der Basis eines „Franchise"-Konzepts (siehe „Check Franchising") möglich.

Sich selbständig zu machen gehört allerdings zu den **wichtigen und folgenreichen Lebensentscheidungen,** die sorgfältig überlegt und sehr gründlich vorbereitet werden wollen. Grundsätzlich sollten Sie durchchecken:

Besitzen Sie die Kraft, Energie und das Durchhaltevermögen, um den Weg in die Selbständigkeit durchzustehen? Lassen Sie sich jedoch nicht von den unzähligen Geboten einer „idealen" Unternehmerpersönlichkeit irritieren, die Sie in den diversen Tests und Zeitschriften aufgezählt finden.

Selbständigkeit Check

Unbestritten ist, daß der Aufbau einer selbständigen Existenz in großem Ausmaß arbeits- und zeitintensiv, oftmals risikobeladen und in der Regel mit der Aufnahme hoher Kredite verbunden ist, die früher oder später – unabhängig vom Geschäftserfolg – zurückgezahlt werden müssen.

Check Selbständigkeit

Sie sollten sich

für die passende Form Ihrer Selbständigkeit entscheiden **(z.B. Neugründung, Betriebsübernahme, Franchising)** und die geeignete bzw. mögliche Rechtsform hierfür wählen. Sie sollten außerdem wissen, welche Formalitäten mit Behörden, Kammern, Berufsverbänden usw. auf Sie zukommen und ob für Ihr Vorhaben besondere Voraussetzungen und Nachweise erforderlich sind.

Sie sollten alles Nötige

wissen, was mit der Finanzierung Ihres Unternehmens zusammenhängt. Rentiert sich z.B. überhaupt die Gründung einer selbständigen Existenz (Rentabilitätsplan)? Welche Förderprogramme und Finanzhilfen stehen Ihnen zur Verfügung (Finanzierungsplan)?

Sie sollten die vielfältigen

Beratungs- und Weiterbildungsmöglichkeiten kennen und soweit erforderlich nutzen. Die für Sie passende Beratung sollten Sie ausgewählt und auch genutzt haben, z.B. bei Ihrem persönlichen Steuerberater, bei der Industrie- und Handelskammer, bei Fachverbänden und Instituten der Wirtschaft, Kreditinstituten, Unternehmensberatern, Rechtsanwälten oder Notaren.

Wichtige Ansprechpartner

sind in erster Linie die Existenzgründungsberatungsstellen der

Industrie- und Handelskammern.

Selbstverständlich geben auch die zuständigen Fachverbände gerne Informationen (Anschriften siehe unter „Check Adressen").

Auch die

Wirtschaftsministerien der Bundesländer

geben selbst Auskünfte oder nennen von ihnen beauftragte Stellen.

Selbständigkeit Check

Kostenlose Informationsbroschüren zu allen Fragen der Unternehmensgründung erhalten Sie auch vom:

Bundesministerium für Wirtschaft

Referat Öffentlichkeitsarbeit
Villemombler Straße 76
53123 Bonn
Tel. 0228/615-0
Fax 0228/615-4436

Eine Datenbank über staatliche Förderprogramme finden Sie auch im Internet unter:

http://www.bmwi.de

☑ Checken Sie

Check Selbständigkeit

Als Servicekaufmann/-kauffrau im Luftverkehr ist zunächst an eine selbständige Tätigkeit als

☐ **Agent/in in der Passageakquisition**

zu denken.

Sie beraten Reiseveranstalter, Reisebüros und Firmenkunden hinsichtlich der Produktpalette von Fluggesellschaften und akquirieren Passageaufträge. Für diese Tätigkeit sollten Sie einige Jahre Berufserfahrung im Passageverkauf bzw. in der Passageakquisition einer Luftverkehrsgesellschaft mitbringen sowie über fundierte Marktkenntnisse verfügen.

Gleiches gilt für den Fall, daß Sie sich als

☐ **Airbroker**

selbständig machen wollen. Sie vermitteln i.d.R. für Firmenkunden die geeignetsten und günstigsten Flugverbindungen und -passagen (Business Charter). Unbedingt erforderlich für diese Tätigkeit sind gute Kontakte zu Fluggesellschaften und Kenntnisse in unabhängigen Informations- und Reservierungssystemen des Luftverkehrs.

Bei mehrjähriger Berufserfahrung im Verkaufsbereich und in der Reiseberatung käme auch die Führung eines Reisebüros bzw. einer Reiseagentur (auch Last-Minute) als

☐ **Reisebüroinhaber/in**

in Frage. In diesem Fall empfiehlt sich ein Existenzgründungsseminar. Sie könnten auch eine Weiterbildung zum/zur Diplom-Betriebswirt/in (BA) – Tourismusbetriebswirtschaft oder zum/zur staatlich geprüften Betriebswirt/in – Reiseverkehr/Touristik absolvieren. Die Weiterbildung zum/zur Betriebswirt/in (BA) dauert 3 Jahre, die zum/zur staatlich geprüften Betriebswirt/in 4 Semester (= 2 Jahre). Falls Sie die entsprechenden Voraussetzungen mitbringen, kommt ggf. auch ein Aufbaustudium aus dem Bereich „Tourismus" in Frage.

 Checken Sie

Selbständigkeit Check

Im Touristikbereich wäre auch eine selbständige Tätigkeit als

☐ **Freiberufliche/r Reiseberater/in**

☐ **Freiberufliche/r Telefonverkäufer/in**

denkbar. Im telefonischen Reiseverkauf arbeiten Sie i.d.R. zu Hause, beraten Ihre Kunden, vermitteln/verkaufen Reisen wie in einem Reisebüro – nur eben am Telefon.

Möglich ist auch die Gründung eines

☐ **Catering-Unternehmens**

mit Spezialisierung auf Fluggastverpflegung (Airline-Catering). Jedoch sollten Sie eine mehrjährige Erfahrung in der Zusammenarbeit mit Catering-Unternehmen im Rahmen der Flugzeugabfertigung besitzen. Empfehlenswert ist auch eine Fortbildung zum/zur staatlichen geprüften Betriebswirt/in – Catering/Systemverpflegung.

Im Ausnahmefall können Sie die Eröffnung eines

☐ **Call Centers**

für Ticketverkauf, Reisevermittlung, -verkauf usw. per Telefon, z.B. im Auftrag von Fluggesellschaften oder großer Reiseveranstalter, in Betracht ziehen.

Anregungen

können Sie auch aus der folgenden Franchising-Liste entnehmen.

Check Franchising

Franchising

Selbständige Existenzen sind auch auf Basis eines Franchise-Konzeptes denkbar.

Die wachsende Bedeutung des Franchising in Deutschland eröffnet den Interessierten eine Vielzahl an Möglichkeiten.

Beim Franchising bietet Ihnen der Franchise-Geber ein in der Regel am Markt erprobtes, vorbereitetes Geschäftspaket (Produkte, Beratung und Schulung, Marktanalysen, Werbekonzepte u.ä.) an.

Der/Die Franchise-Nehmer/in ist selbständig, muß jedoch zusätzlich zur Anfangsinvestition (die Höhe hängt vom jeweiligen Konzept ab), die Leistungen des Franchise-Gebers bezahlen, üblich sind z.B. Einstiegsgebühren, laufende und Werbegebühren.

Checken Sie

Franchising Check

Aber auch hier gilt:

Prüfen Sie

...Ihre Motivation und Möglichkeiten sowie die Grundlagen des angebotenen Franchise-Systems und den Vertrag erst **sorgfältig**, bevor Sie unterschreiben! Beachten Sie bitte die Infos unter „Selbständigkeit"!

Nähere Informationen zum Franchising übermitteln die unter **„Wichtige Ansprechpartner"** auf Seite 46 genannten Stellen sowie:

Deutscher Franchise-Verband
Paul-Heyse-Straße 33-35
80336 München
Tel. 089/5307140
Fax 089/531323

Wissenswertes für Franchise-Nehmer, Franchise-Geber, Existenzgründer und Dienstleister vermittelt Ihnen außerdem:

Franchise-Institut für deutsche Wirtschaft (FIW)
Herderstraße 1
30625 Hannover
Tel. 0511/5511730
Fax 0511/5511732

Check Franchising

Alles über Franchise erfahren Sie auch durch Franchise- und Existenzgründer-Informationsbörsen im Internet, z.B. unter:

http://www.franchise-net.de
http://www.franchise-world.de
http://focus.de/D/DB/DBG/dbg.htm

Franchising Check

Spezielle Franchise-Geber im Bereich Reiseverkehr/Tourismus

Wir haben für Sie im folgenden eine Auswahl an Franchise-Konzepten aufgeführt, die für Sie als Servicekaufmann/-kauffrau im Luftverkehr in Betracht kommen könnten. Ähnliche Möglichkeiten gibt es auch in anderen Wirtschaftsbereichen.

Franchising-Angebote-Check:

☐ Reisebüros

First Reisebüro
First Reisebüro Management GmbH & Co. KG
Reisebüros
Adlerstraße 74
40211 Düsseldorf
Tel. 0211/36650
Fax 0211/362723

First Travel Management International
First Travel Management International GmbH
Reisebüros
Adlerstraße 74
40211 Düsseldorf
Tel. 0211/3559080
Fax 0211/35590877

Flugbörse D+S Reisen
FLUGBÖRSE D+S Reisen GmbH
Reisebüros
Nymphenburger Straße 1
80335 München
Tel. 089/54214150
Fax 089/54214155

Holiday Express Reisebüro
Holiday Express Reisebüro GmbH
Verwaltung
Reisebüros
Werftstraße 27
40549 Düsseldorf
Tel. 0211/50060
Fax 0211/5006111

NUR Touristic
NUR TOURISTIC GMBH
Reisebüros
Zimmermühlenweg 55
61440 Oberursel
Tel. 06171/651921
Fax 06171/652159

Reiseland
Reiseland GmbH & Co. KG
Reisebüros
Güterbahnhofstraße 10
37154 Northeim
Tel. 05551/9670
Fax 05551/2612

Schmetterling-Reisen
Schmetterling-Reisebüro GmbH
Reisebüros
Hauptstraße 131
91286 Geschwand
Tel. 09197/62820
Fax 09197/628282

Theo Tours
Theo Tours System-Centrale
Storchweg 1
35716 Dietzhölztal-Ewersbach
Tel. 02774/930714
Fax 02774/930733

TUI
TUI ReiseCenter GmbH
Reisebüros
Karl-Wiechert-Allee 23
30625 Hannover
Tel. 0511/5675500
Fax 0511/5675511

 Checken Sie

Check Franchising

Uniglobe Travel
Uniglobe Travel (Germany/Austria) GmbH
Reisebüros
Maxstraße 26
83278 Traunstein
Tel. 0861/9897615
Fax 0861/9897621

☐ Systemgastronomie, Catering

A.W.O.L.
A.W.O.L. Vertriebsgesellschaft mbH
Frozen Jogurt Shops, American Hot Dog Bars, Cafés
Spargelweg 10
25336 Elmshorn
Tel. 04121/92155
Fax 04121/92486

Alex
Alex Gaststätten GmbH
Vertrieb von Gastronomiekonzepten in Franchise Verfahren
Lange Straße 37
26122 Oldenburg
Tel. 0441/92389-0
Fax 0441/92389-33

Apfelbaum
Apfelbaum Verwaltungs- und Franchise-GmbH
Erlebnisgastronomie
Im Weidengrund 20
74246 Eberstadt
Tel. 07134/980350
Fax 07134/980360

ATAYA'S
ATAYA'S PIZZA-SERVICE
Pizza-Service
Zum Bahnhof 10
19055 Schwerin
Tel. 0385/55888-8, -12
Fax 0385/55888-5

Bonner Carrington
Bonner Carrington Corporation
European Market/A lisensee of Schlotzsky's, Inc.
Restaurants mit spez. zubereiteten Sandwiches, Pizzen
Postfach 103420
45034 Essen
Tel. 0201/225660
Fax 0201/225670

BURGER KING
BURGER KING GmbH
Fast Food – Systemgastronomie
Peschelanger 3
81735 München
Tel. 089/63804-0
Fax 089/63804-229

CAP
CAP Call a Pizza Schnellrestaurants Betriebs-GmbH
Pizzaheimdienst
Münchnerstraße 9
83022 Rosenheim
Tel. 08031/37051
Fax 08031/380777

Cuisine Naturel
Exclusiver Heimlieferservice
Lendringser Straße 31
59519 Möhnesee
Tel. 02924/5149
Fax 02924/2454

Empanada
Empanada GmbH (M-Panada)
Bistro-Restaurants u. Verkaufsstände für südamerikanische Teigtaschen
Höhenweg 33
69250 Schönau
Tel. 06228/911313
Fax 06228/911314

Gameiro Consult
Gameiro Consult Kütemeier und Rodrigues OHG
Pizza-Lieferdienst
Mackenkampsweg 6
32457 Porta-Westfalica
Tel. 0571/77197
Fax 0571/75405

Franchising Check

Gastro
Gastro Kanne
Krankenhauscafés
Industriestraße 6
26906 Dersum
Tel. 04963/9139-0
Fax 04963/9139-13

GEVA
GEVA Gastronomiedienste GmbH & Co.
Gaststätten
Albert-Einstein-Straße 18
50226 Frechen
Tel. 02234/183401
Fax 02234/183468

GLORIA
GLORIA Menü-Bringdienst GmbH
Fertiggerichte-Heimdienst
Hauptstraße 33
26188 Edewecht
Tel. 030/4565015
Fax 030/4559093

Grillmaster
Grillmaster System Betriebsges. mbH
Schnellrestaurants
Stiegstraße 40
41379 Brüggen
Tel. 02157/8783-30, -31
Fax 02157/8783-15

Hallo Pizza
Hallo Pizza
Pizzalieferdienst und -herstellung
Otto-Brenner-Straße 5
47877 Willich
Tel. 02154/911-666
Fax 02154/911-333

Han Mongolian
Han Mongolian Barbecue Ltd.
Gaststätten
Murtenstrasse 41
CH–3008 Bern
Tel. 0041/31/3829-988
Fax 0041/31/3829-2699

Hans-Peter Strohecker
Hans-Peter Strohecker GmbH
Gaststätten
Bötzinger Straße 20
79111 Freiburg
Tel. 0761/41015-17
Fax 0761/474640

Janny's Eis
Janny's Eis Franchise-GmbH
Eisdielen
Zürnkamp 27
21217 Seevetal-Meckenfeld
Tel. 040/769151-0
Fax 040/769151-99

Joey's Pizza Service
Joey's Pizza Service GmbH
Pizzaheimdienst
Johnsallee 39
20148 Hamburg
Tel. 040/450233-0
Fax 040/450233-33

KOCHLÖFFEL
KOCHLÖFFEL GmbH
Betrieb von Schnellrestaurants
Postfach 1620
49786 Lingen
Tel. 0591/916003
Fax 0591/1200

Levante
Levante GmbH
Gastronomieunternehmen
Franz-Hochedlingergasse 23
A-1020 Wien
Tel. 0043/1/212531-7
Fax 0043/1/212531-77

L´italíano Ice Cream
L´italíano Ice Cream GmbH
Eiscafés Piccoli und Piccoli Eis Shops
Hettlicher Masch 14
49080 Osnabrück
Tel. 0541/50505-0
Fax 0541/50505-25

Check Franchising

McDonald's
McDonald's Deutschland Inc.
Fast Food Restaurants
Drygalski Allee 51
81477 München
Tel. 089/78594-0
Fax 089/78594-303

Messerschmitt
Messerschmitt AG Peaches
Cocktailbars
Hammerbacher Fußweg 24
82467 Garmisch-Partenkirchen
Tel. 08821/9577-0
Fax 08821/9577-77

Morgengold
Morgengold Frühstücksdienste GmbH
Belieferung v. Endverbrauchern
Alexanderstraße 121a
70180 Stuttgart
Tel. 0711/9600440
Fax 0711/9600480

Pinguin
Pinguin Heimservice
Heimservice für Pizza, Pasta, Fleischgerichte
Otterberger Straße 14
67724 Gundersweiler
Tel. 06361/5859
Fax 06361/7138

Pizza AVANTI
Pizza AVANTI Heimservice GmbH
Pizza Heimservice
Kugelmüllerstraße 6
80638 München
Tel. 089/1578839
Fax 089/156030

PIZZA FLITZA
PIZZA FLITZA GmbH & Co. KG
Pizza Lieferservice
Brüggerstraße 27
28870 Ottersberg
Tel. 04205/319116
Fax 04205/319118

Prima Franchisegesellschaft
Prima Franchisegesellschaft Deutschland mbH
Pizzaservice
Kaiserstraße 88
55116 Mainz
Tel. 06131/222936
Fax 06131/320262

Prima Pizza
Prima Pizza GmbH (Alf´s Prima Pizza)
Pizza Abhol- und Heimservice
Robert-Volkmann-Straße 2
04317 Leipzig
Tel. 0341/990243-3
Fax 0341/990243-4

SAM'S Pizza Land
SAM'S Pizza Land Management AG
Restaurantkonzepte für Verkauf
Chüngengass 1
CH–8805 Richterswil
Tel. 0041/1/787507-0
Fax 0041/1/787507-9

Schweinske
Schweinske Franchise Marco Hölder
Gastronomiekette
Alte Rabenstraße 14
20148 Hamburg
Tel. 040/4480811
Fax 040/4504787

Straßer & Straßer
Straßer & Straßer oHG
Gastronomische amerikanisch, mexikanisch betriebene Lokale
Schwere-Reiter-Straße 35
80797 München
Tel. 089/3077480
Fax 089/30774873

Sushi
Sushi Circle
Asiatische Fast Food-Betriebe
Neue Mainzer Straße 84
60311 Frankfurt
Tel. 069/91399302
Fax 069/91399302

 Checken Sie

Franchising Check

System Gastronomie
System Gastronomie Ges.m.b.H.
Restaurant (Aldente, Chilli's, Papa Joe's)
Lieberstraße 3
A-6020 Innsbruck
Tel. 0043/512/566707
Fax 0043/512/589974

TMF Verpflegungssysteme
TMF Verpflegungssysteme GmbH
Menü-Bring-Dienst
Auf der Breit 11
76227 Karlsruhe
Tel. 0721/94983
Fax 0721/496669

Tricon
Tricon Restaurants International Ltd. & Co. KG
Pizza-Hut-Restaurants
Friedrich-Ebert-Straße 120
45473 Mülheim a. d. Ruhr
Tel. 0208/44305-0, -402, -501
Fax 0208/44305-980

Wienerwald
Wienerwald GmbH
Restaurantketten
Elsenheimerstraße 61
80687 München
Tel. 089/5796-210
Fax 089/5796-290

Weitere Franchise-Möglichkeiten

gibt es auch in anderen Wirtschaftsbereichen.
Ansprechpartner ist der Deutsche Franchise-Verband.
Adresse siehe Seite 51

Topaktuelle Infos

zu über 800 europäischen Franchise-Gebern finden Sie im Internet (s.o.). Hier können Sie sowohl nach Branchen als auch nach konkreten Firmen suchen, und die Anbieter werden alle kurz beschrieben.

Check / Eignung

Eignung

Alle Informationswünsche über Berufe und Arbeitsplätze erfüllt?

Vielleicht bestehen noch Zweifel, ob man für eine Ausbildung und damit auch für einen erfolgreichen Berufsweg wirklich gut gerüstet ist?

Vor Beginn einer Berufsausbildung sollte nachfolgende Liste gecheckt werden:

Kenntnis-Check

Notwendig:

- ☐ Gute Deutschkenntnisse, insbesondere Sicherheit in Rechtschreibung und Zeichensetzung
- ☐ Gut-durchschnittliche Englischkenntnisse
- ☐ Annähernd durchschnittliche Kenntnisse in Mathematik/Rechnen
- ☐ Durchschnittliche Kenntnisse in Geographie

Die oben angegebenen Kenntnisse in den einzelnen Fächern entsprechen dem Stand bei Realschul- oder gleichwertigem Abschluß.

Von Vorteil:

- ☐ Gute Allgemeinbildung, insbesondere in Politik, Wirtschaft (Anforderungen in ggf. durchgeführten Einstellungstests)
- ☐ Grundkenntnisse in Maschinenschreiben (Bedienen von DV-Anlagen)
- ☐ Grundkenntnisse in der Datenverarbeitung (Verstehen und Arbeiten mit DV-Programmen)

Die oben angegebenen Kenntnisse in den einzelnen Fächern entsprechen dem Stand bei Realschul- oder gleichwertigem Abschluß.

- ☐ Wirtschaftliche Grundkenntnisse
- ☐ Weitere Fremdsprachenkenntnisse, z.B. Spanisch, Französisch

☑ Checken Sie

Eignung Check

Interessen-Check

Von Vorteil:

- ☐ Neigung zum Umgang mit Menschen (Verkaufsgespräche, Beratung)
- ☐ Interesse am Umgang mit Zahlen (Flugpläne, Tarife, Kostenrechnungen, Mietwagen- und Hotelpreise)
- ☐ Vorliebe für selbständiges Arbeiten
- ☐ Interesse an Fremdsprachen
- ☐ Interesse an der Datenverarbeitung (Ausbildungs- und Arbeitsplätze grundsätzlich mit EDV ausgerüstet, Zugriff zu Daten nur über EDV möglich)
- ☐ Neigung zum Planen und Organisieren

Nachteilig:

- ☐ Abneigung gegen Umgang mit Menschen mit ständig wechselnden Kontakten
- ☐ Abneigung gegen Büro- und Verwaltungstätigkeiten, gegen Umgang mit Daten und Zahlen

Check Psychische Anforderungen

Notwendig:

- ☐ Durchschnittliches Sprachverständnis, insbesondere schriftliche und mündliche Ausdrucksfähigkeit
- ☐ Durchschnittliches logisch-schlußfolgerndes Denkvermögen
- ☐ Gute Auffassungsgabe
- ☐ Gute Merkfähigkeit

Die oben angegebenen Anforderungen entsprechen dem Stand bei Realschul- oder gleichwertigem Abschluß.

- ☐ Gute Umstellfähigkeit

Von Vorteil:

- ☐ Team- und Kooperationsfähigkeit
- ☐ Planungs- und Organisationsfähigkeit, selbständige Arbeitsweise

☑ Checken Sie

Check Eignung

Körper-Check

Wesentliche körperliche Eignungsvoraussetzungen:

- ☐ Normale Funktionstüchtigkeit und Belastbarkeit der Wirbelsäule, der Beine, Arme und Hände
- ☐ Normale Koordination (Gangsicherheit, beidhändiges Arbeiten)
- ☐ Normale Finger- und Handgeschicklichkeit beiderseits
- ☐ Normaler Tastsinn
- ☐ Normales, auch korrigiertes Sehvermögen für die Ferne und Nähe einschließlich Bildschirmentfernung
- ☐ Räumliches Sehvermögen
- ☐ Normales Farbensehen
- ☐ Normales Dämmerungssehen
- ☐ Normales, auch korrigiertes Hörvermögen
- ☐ Normaler Geruchs- und Geschmackssinn
- ☐ Normales Sprechvermögen
- ☐ Gesunde, widerstandsfähige Haut, insbesondere an den Händen
- ☐ Gesunder Stoffwechsel und gesunde innere Organe, insbesondere normale Belastbarkeit des Herzens und des Kreislaufs und gesunde Atemorgane
- ☐ Gesundes Zentralnervensystem
- ☐ Normale nervliche Belastbarkeit

Was erwartet Sie?

Bereits während Ihrer Ausbildung machen Sie Erfahrungen, die überwiegend auch für Ihre spätere Berufstätigkeit kennzeichnend sind.

- ☐ Ausbildung bei Linien- und Charterfluggesellschaften, auf Flughäfen oder bei Abfertigungsgesellschaften durch Unterweisung am Arbeitsplatz nach Ausbildungsplan. Dabei werden alle Abteilungen des Ausbildungsbetriebes durchlaufen, z.B. die Abteilungen Vertrieb und Verkauf, Sicherheitseinrichtungen und -verfahren, Passagierservice, Gepäckservice, Flugzeugabfertigung, Steuerung und Kontrolle, Zahlungsverkehr und Buchführung. Manchmal zusätzlich innerbetrieblicher Unterricht
- ☐ Ausbildung überwiegend in Büros und an Schaltern von Flughäfen, in Büros von Fluggesellschaften und Abfertigungsgesellschaften sowie an Bord von Flugzeugen

☑ Checken Sie

Eignung Check

- ☐ Häufig Bildschirmtätigkeit
- ☐ Überwiegend leichte, gelegentlich mittelschwere körperliche Tätigkeit (Gepäckservice), vorwiegend im Sitzen, gelegentlich im Stehen und Gehen
- ☐ Publikumsverkehr, saisonaler Zeitdruck
- ☐ Berufsschulunterricht i.d.R. in Blockform in Fachklassen

☑ Checken Sie

Check Vorbildung

Zur Ausbildung zum/zur Servicekaufmann/-kauffrau im Luftverkehr ist

 Keine *schulische* Vorbildung vorgeschrieben, die Voraussetzung ist daher erfüllt

 Keine *berufliche* Vorbildung vorgeschrieben, die Voraussetzung ist daher erfüllt

Es bestehen also keine rechtlichen Vorbildungsbedingungen.

Wie sieht es jedoch in der Praxis aus?

Da erst ab 1.8.1998 mit einer Ausbildung als Servicekaufmann/-kauffrau im Luftverkehr begonnen werden konnte, lagen bis zum Zeitpunkt der Drucklegung noch keine statistischen Angaben über die Vorbildung der Auszubildenden vor.

Vorbildung Check

Check Ausbildung

Wie ist die Ausbildung aufgebaut?

Hier kann man erkennen, wie die Ausbildung organisiert ist. Zum Beispiel an welchen „Lernorten" – **Ausbildungsbetrieb, überbetriebliche Ausbildungsstätten, Berufsschule** – ausgebildet wird, welche Prüfungen absolviert werden müssen, auch was die Ausbildung mit der Ausbildung anderer Berufe gemeinsam hat.

Ausbildung im Ausbildungsbetrieb

durch Unterweisung an den betriebsüblichen Arbeitsplätzen nach Ausbildungsplan

Erwerb fachpraktischer Fertigkeiten und Kenntnissen sowie von Berufserfahrungen

Führen eines Berichtsheftes in Form eines Ausbildungsnachweises

Z.T. ergänzend innerbetrieblicher Unterricht

Ausbildungszeit 3 Jahre

1. Ausbildungsjahr

> Ausbildung im Ausbildungsbetrieb und in der Berufsschule

2. Ausbildungsjahr

> Ausbildung im Ausbildungsbetrieb und in der Berufsschule

mit...

Zwischenprüfung

> in der Mitte des 2. Ausbildungsjahres

Ausbildung Check

Berufsschule

I.d.R. Blockunterricht (mehrtägige Unterrichtsblöcke) und in Fachklassen für die Ausbildung im Luftverkehr

> Die Zwischenprüfung dient der Ermittlung des Ausbildungsstandes, um nötigenfalls Rückstände in der weiteren Ausbildung beheben zu können.

> Das Ergebnis der Zwischenprüfung hat jedoch keinerlei rechtliche Folgen für die Fortsetzung des Ausbildungsverhältnisses und wirkt sich auch nicht auf das Ergebnis der Abschlußprüfung aus.

> Die absolvierte Zwischenprüfung ist allerdings Zulassungsvoraussetzung zur Abschlußprüfung.

3. Ausbildungsjahr

> Ausbildung im Ausbildungsbetrieb und in der Berufsschule mit Vorbereitung auf die Abschlußprüfung

Abschlußprüfung

Checken Sie

Check Ausbildung

Kenntnisse und Fertigkeiten, die durch eine Ausbildung zum/zur Servicekaufmann/-kauffrau im Luftverkehr erworben werden:

Auf den nächsten Seiten sind sie aufgeführt.

Das sieht gewiß nach sehr viel aus...!
Ja, aber:

3 Jahre Ausbildungszeit genügen.

Mit langen Urlauben zwischendurch. Dazu liefert das sogenannte „Duale System" eine ganze Menge Vorteile. Diese tolle Einrichtung heißt so, weil sich die Ausbildung auf zwei Stellen verteilt: *Mal im Betrieb, mal in einer Berufsschule.* Dadurch trifft man regelmäßig andere AZUBIS (Kosekurzform für Auszubildende), tauscht sich aus, gründet Freundschaften, die ein Leben lang halten. Oder auch nicht.

☐ *Duales Ausbildungssystem o.k.?*

Was...?
...Ihnen während der Ausbildung vermittelt wird:

☐ **Der Ausbildungsbetrieb**

Aufgaben, Struktur und Rechtsform

Zielsetzung, Geschäftsfelder, Aktivitäten sowie Stellung des Ausbildungsbetriebes am Markt darstellen

Rechtsform des Ausbildungsbetriebes erläutern

Bedeutung der Zusammenarbeit im Bereich von Transportleistungen für den Ausbildungsbetrieb herausstellen

Struktur des ausbildenden Betriebes darstellen

Zusammenarbeit mit Behörden, Wirtschaftsorganisationen und Berufsvertretungen darstellen

schwerpunktmäßig im 1. Jahr in einem Zeitraum von insgesamt mindestens 2 Monaten neben anderen Schwerpunkten

Berufsbildung

Inhalte des Ausbildungsvertrages, insbesondere die Rechte und Pflichten des Auszubildenden und des Ausbildenden, beschreiben

Zusammenhang zwischen der Ausbildungsordnung und dem betrieblichen Ausbildungsplan darstellen

 Checken Sie

Ausbildung Check

Bei manchen der in diesem Zeit- und Inhaltsplan erscheinenden Fachausdrücke werden Sie vielleicht noch nicht wissen, welche Kenntnisse sich dahinter verbergen. Dieser Plan orientiert Sie jedoch nicht nur über die Qualifikationen, die Sie in der Ausbildung erwerben, sondern kann Sie auch während der Kombi-Ausbildung in Betrieben, überbetrieblichen Ausbildungsstätten und Berufsschulen begleiten.

Den Zusammenhang lebenslangen Lernens mit der persönlichen und beruflichen Entwicklung begründen

schwerpunktmäßig im 1. Jahr in einem Zeitraum von insgesamt mindestens 2 Monaten neben anderen Schwerpunkten

Personalwesen, arbeits- und sozialrechtliche Vorschriften

Aufgaben des betrieblichen Personalwesens beschreiben

Die für das Arbeitsverhältnis geltenden betrieblichen arbeits- und sozialrechtlichen Bestimmungen sowie tarifliche Regelungen beschreiben

Mitbestimmungs- und Mitwirkungsrechte betriebsverfassungsrechtlicher und personalvertretungsrechtlicher Organe erklären

Bestandteile von Entgeltabrechnungen beschreiben und Nettoentgelt ermitteln

Nachweise für Personaleinsatzplanung und Arbeitszeiterfassung führen

schwerpunktmäßig im 1. Jahr in einem Zeitraum von insgesamt mindestens 2 Monaten neben anderen Schwerpunkten

im 3. Jahr in einem Zeitraum von insgesamt mindestens 2 Monaten in Verbindung mit anderen Schwerpunkten

Sicherheit und Gesundheitsschutz bei der Arbeit

Gefährdung von Sicherheit und Gesundheit am Arbeitsplatz feststellen und Maßnahmen zu ihrer Vermeidung ergreifen

Berufsbezogene Arbeitsschutz- und Unfallverhütungsvorschriften anwenden

Check Ausbildung

Verhaltensweisen bei Unfällen beschreiben sowie erste Maßnahmen einleiten

Vorschriften des vorbeugenden Brandschutzes anwenden; Verhaltensweisen bei Bränden beschreiben und Maßnahmen zur Brandbekämpfung ergreifen

schwerpunktmäßig im 1. Jahr in einem Zeitraum von insgesamt mindestens 2 Monaten neben anderen Schwerpunkten

im 2. Jahr in einem Zeitraum von insgesamt mindestens 3 Monaten in Verbindung mit anderen Schwerpunkten

Umweltschutz

Zur Vermeidung betriebsbedingter Umweltbelastungen im beruflichen Einwirkungsbereich beitragen, insbesondere:

Mögliche Umweltbelastungen durch den Ausbildungsbetrieb und seinen Beitrag zum Umweltschutz an Beispielen erklären

Für den Ausbildungsbetrieb geltende Regelungen des Umweltschutzes anwenden

Möglichkeiten der wirtschaftlichen und umweltschonenden Energie- und Materialverwendung nutzen

Abfälle vermeiden; Stoffe und Materialien einer umweltschonenden Entsorgung zuführen

schwerpunktmäßig im 1. Jahr in einem Zeitraum von insgesamt mindestens 2 Monaten neben anderen Schwerpunkten

☐ Arbeitsorganisation, Informations- und Kommunikationssysteme

Arbeitsorganisation

Die Zusammenarbeit zwischen den einzelnen Organisationseinheiten beschreiben, insbesondere Informationsflüsse und Entscheidungsprozesse darstellen

im 1. Jahr in einem Zeitraum von insgesamt mindestens 3 Monaten in Verbindung mit anderen Schwerpunkten

Betriebliche Arbeits- und Organisationsmittel handhaben und wirtschaftlich einsetzen

im 1. Jahr in einem Zeitraum von insgesamt mindestens 3 Monaten in Verbindung mit anderen Schwerpunkten

im 2. Jahr in einem Zeitraum von insgesamt mindestens 2 Monaten in Verbindung mit anderen Schwerpunkten

im 3. Jahr in einem Zeitraum von insgesamt mindestens 3 Monaten in Verbindung mit anderen Schwerpunkten

 Checken Sie

Ausbildung Check

Schriftverkehr durchführen, Berichte und Protokolle anfertigen

im 1. Jahr in einem Zeitraum von insgesamt mindestens 3 Monaten in Verbindung mit anderen Schwerpunkten

im 3. Jahr in einem Zeitraum von insgesamt mindestens 3 Monaten in Verbindung mit anderen Schwerpunkten

Aufgaben strukturieren

im 1. Jahr in einem Zeitraum von insgesamt mindestens 3 Monaten in Verbindung mit anderen Schwerpunkten

Möglichkeiten der Arbeitsplatz- und Arbeitsraumgestaltung unter Berücksichtigung ergonomischer Grundsätze am Beispiel eines Arbeitsplatzes darstellen

im 2. Jahr in einem Zeitraum von insgesamt mindestens 4 Monaten in Verbindung mit anderen Schwerpunkten

Lern- und Arbeitstechniken, insbesondere Methoden der Projektarbeit, aufgabenorientiert anwenden

im 3. Jahr in einem Zeitraum von insgesamt mindestens 2 Monaten in Verbindung mit anderen Schwerpunkten

Funktion und Wirkung von Informations- und Kommunikationssystemen

Informationsquellen, insbesondere Dokumentationen und Handbücher, nutzen

im 1. Jahr in einem Zeitraum von insgesamt mindestens 4 Monaten in Verbindung mit anderen Schwerpunkten

Informations- und Kommunikationssysteme aufgabenorientiert einsetzen

im 1. Jahr in einem Zeitraum von insgesamt mindestens 3 Monaten in Verbindung mit anderen Schwerpunkten

im 2. Jahr in einem Zeitraum von insgesamt mindestens 4 Monaten in Verbindung mit anderen Schwerpunkten

Check Ausbildung

Informationen und Daten erfassen und verarbeiten sowie für das Zusammenwirken betrieblicher Funktionsbereiche einsetzen

im 2. Jahr in einem Zeitraum von insgesamt mindestens 2 Monaten in Verbindung mit anderen Schwerpunkten

Auswirkungen des Einsatzes von Informations- und Kommunikationssystemen auf Arbeitsorganisation, Arbeitsbedingungen und Arbeitsanforderungen an Beispielen des Ausbildungsbetriebes beschreiben

im 3. Jahr in einem Zeitraum von insgesamt mindestens 2 Monaten in Verbindung mit anderen Schwerpunkten

Datenschutz und Datensicherheit

Regelungen zum Datenschutz anwenden
Daten sichern, Datenpflege und Datensicherung begründen

im 1. Jahr in einem Zeitraum von insgesamt mindestens 3 Monaten in Verbindung mit anderen Schwerpunkten

im 2. Jahr in einem Zeitraum von insgesamt mindestens 4 Monaten in Verbindung mit anderen Schwerpunkten

im 3. Jahr in einem Zeitraum von insgesamt mindestens 3 Monaten in Verbindung mit anderen Schwerpunkten

Marketing und Qualitätsmanagement

Die Wirkungen von Markt- und Wettbewerbsbedingungen sowie die Rahmenbedingungen des Weltluftverkehrs auf das Angebot des Ausbildungsbetriebes begründen

Die im Ausbildungsbetrieb eingesetzten Marketingmaßnahmen von denen der Mitbewerber unterscheiden

Kundenwünsche erfassen und dokumentieren

An der Produktgestaltung mitwirken

An Betriebsvergleichen mitwirken

Bei der Erstellung und Auswertung von Statistiken mitwirken

Marketinginstrumente des Ausbildungsbetriebes zur Kundenbindung anwenden

Bei Erfolgskontrollen von verkaufsfördernden Maßnahmen mitwirken

Instrumente der Qualitätssteuerung des Ausbildungsbetriebes anwenden

schwerpunktmäßig im 3. Jahr in einem Zeitraum von insgesamt mindestens 4 Monaten neben anderen Schwerpunkten

Checken Sie

Ausbildung Check

☐ Kommunikation und Kooperation

Gestalten von Kundenbeziehungen

Service-Grundsätze des Ausbildungsbetriebes anwenden

Situations- und zielgruppenorientierte Auskünfte geben und aktiv Hilfe anbieten

Individuelle Kundenerwartungen ermitteln und die Serviceleistungen entsprechend ausrichten

im 1. Jahr in einem Zeitraum von insgesamt mindestens 3 Monaten in Verbindung mit anderen Schwerpunkten

im 2. Jahr in einem Zeitraum von insgesamt mindestens 4 Monaten in Verbindung mit anderen Schwerpunkten

im 3. Jahr in einem Zeitraum von insgesamt mindestens 4 Monaten in Verbindung mit anderen Schwerpunkten

Kunden bei Leistungsstörungen informieren und Lösungsalternativen aufzeigen

im 2. Jahr in einem Zeitraum von insgesamt mindestens 4 Monaten in Verbindung mit anderen Schwerpunkten

Auskünfte in einer Fremdsprache erteilen

im 2. Jahr in einem Zeitraum von insgesamt mindestens 4 Monaten in Verbindung mit anderen Schwerpunkten

Selbststeuerung

Auswirkungen des persönlichen Erscheinungsbildes und Verhaltens auf Kunden darstellen und begründen

Das eigene Auftreten und Verhalten im Umgang mit Kunden bewerten

im 1. Jahr in einem Zeitraum von insgesamt mindestens 4 Monaten in Verbindung mit anderen Schwerpunkten

im 2. Jahr in einem Zeitraum von insgesamt mindestens 3 Monaten in Verbindung mit anderen Schwerpunkten

im 3. Jahr in einem Zeitraum von insgesamt mindestens 4 Monaten in Verbindung mit anderen Schwerpunkten

 Checken Sie

Check Ausbildung

Möglichkeiten zur Streßreduzierung anwenden und Maßnahmen für den Umgang mit besonderen physischen und psychischen Belastungen ergreifen

im 2. Jahr in einem Zeitraum von insgesamt mindestens 3 Monaten in Verbindung mit anderen Schwerpunkten

---

Häufige Konfliktsituationen analysieren und Problemlösungsmöglichkeiten aufzeigen

Zur Vermeidung vom Kommunikationsstörungen beitragen

Den kulturellen Hintergrund des Kunden bei der Kommunikation berücksichtigen

Reklamationen bearbeiten

schwerpunktmäßig im 3. Jahr in einem Zeitraum von insgesamt mindestens 4 Monaten neben anderen Schwerpunkten

Anwenden von Fremdsprachen bei Fachaufgaben

Fachsprache anwenden

Englische Standardtexte anwenden

im 1. Jahr in einem Zeitraum von insgesamt mindestens 4 Monaten in Verbindung mit anderen Schwerpunkten

---

im 2. Jahr in einem Zeitraum von insgesamt mindestens 4 Monaten in Verbindung mit anderen Schwerpunkten

im 3. Jahr in einem Zeitraum von insgesamt mindestens 4 Monaten in Verbindung mit anderen Schwerpunkten

im 3. Jahr in einem Zeitraum von insgesamt mindestens 4 Monaten in Verbindung mit anderen Schwerpunkten

Teamarbeit

Aufgaben im Team planen, entsprechend den individuellen Fähigkeiten aufteilen, Zusammenarbeit aktiv gestalten

Aufgaben im Team bearbeiten, Ergebnisse abstimmen und auswerten

Konflikte als Chance für verbesserte Kommunikation und Kooperation erläutern

im 2. Jahr in einem Zeitraum von insgesamt mindestens 4 Monaten in Verbindung mit anderen Schwerpunkten

im 3. Jahr in einem Zeitraum von insgesamt mindestens 4 Monaten in Verbindung mit anderen Schwerpunkten

Ausbildung Check

☐ Dienstleistungen

Vertrieb und Verkauf

Kunden über Dienstleistungen des Ausbildungsbetriebes unter Berücksichtigung luftverkehrsgeographischer Gegebenheiten beraten

Preise ermitteln

Waren und Dienstleistungen des Ausbildungsbetriebes anbieten, verkaufen und Dokumente ausstellen

Über Serviceeinrichtungen und Leistungen anderer Anbieter informieren

schwerpunktmäßig im 1. Jahr in einem Zeitraum von insgesamt mindestens 3 Monaten

Verkaufsunterstützende Systeme einsetzen

schwerpunktmäßig im 1. Jahr in einem Zeitraum von insgesamt mindestens 3 Monaten

im 2. Jahr in einem Zeitraum von insgesamt mindestens 2 Monaten in Verbindung mit anderen Schwerpunkten

Sicherheitseinrichtungen und -verfahren

Kunden über Sicherheitseinrichtungen und -verfahren informieren

Kunden die technische Bedienung von Sicherheitseinrichtungen des Ausbildungsbetriebes erklären

Technische Sicherheitseinrichtungen am Arbeitsplatz kontrollieren, bei Störungen notwendige Maßnahmen zur Mängelbeseitigung einleiten

Sicherheitseinrichtungen und -verfahren des Ausbildungsbetriebes anwenden

Notfallmaßnahmen in Gefahrensituationen einleiten

schwerpunktmäßig im 1. Jahr in einem Zeitraum von insgesamt mindestens 4 Monaten neben anderen Schwerpunkten

im 2. Jahr in einem Zeitraum von insgesamt mindestens 3 Monaten in Verbindung mit anderen Schwerpunkten

im 3. Jahr in einem Zeitraum von insgesamt mindestens 4 Monaten in Verbindung mit anderen Schwerpunkten

Passagierservice

Flugdokumente als Informationsquelle nutzen

schwerpunktmäßig im 1. Jahr in einem Zeitraum von insgesamt mindestens 4 Monaten neben anderen Schwerpunkten

im 2. Jahr in einem Zeitraum von insgesamt mindestens 3 Monaten in Verbindung mit anderen Schwerpunkten

Checken Sie

Check Ausbildung

im 3. Jahr in einem Zeitraum von insgesamt mindestens 4 Monaten in Verbindung mit anderen Schwerpunkten

---

Technische Einrichtungen im Zusammenhang mit dem Passagierservice nutzen

Gastronomische Grundsätze anwenden

Passagier-Check-in durchführen

Gate-Abfertigung durchführen

Besondere Personengruppen betreuen

schwerpunktmäßig im 2. Jahr in einem Zeitraum von insgesamt mindestens 4 Monaten neben anderen Schwerpunkten

im 3. Jahr in einem Zeitraum von insgesamt mindestens 4 Monaten in Verbindung mit anderen Schwerpunkten

Gepäckservice

Gepäck annehmen und ausgeben

Technische Einrichtungen im Zusammenhang mit dem Gepäckservice nutzen

Gepäckermittlung durchführen

Schadensregulierung bearbeiten

schwerpunktmäßig im 2. Jahr in einem Zeitraum von insgesamt mindestens 4 Monaten neben anderen Schwerpunkten

Flugzeugabfertigung

Abfertigungsvorgänge unter Berücksichtigung der Abläufe bei der Flugzeugabfertigung koordinieren

Unterlagen zur Flugvorbereitung zusammenstellen

Ladeanweisungen erstellen und einsetzen

Load- und Trimmsheet erstellen

Gegebenheiten unterschiedlicher Flugzeugtypen berücksichtigen

schwerpunktmäßig im 2. Jahr in einem Zeitraum von insgesamt mindestens 3 Monaten

Steuerung und Kontrolle

Planen und Steuern des Mitteleinsatzes Flugplan- und servicerelevante Informationen zusammenstellen

Tagesvorausplanung des Mitteleinsatzes erstellen

Einen Dienst- und Schichtplan erstellen

An der Anpassung des Personal- und Mitteleinsatzes im laufenden Betrieb und bei Leistungsstörungen mitwirken

Serviceeinrichtungen disponieren und Verfahrensalternativen bei Leistungsstörungen aufzeigen

Passagierströme im jeweiligen Zuständigkeitsbereich lenken

schwerpunktmäßig im 3. Jahr in einem Zeitraum von insgesamt mindestens 2 Monaten

Checken Sie

Ausbildung Check

Controlling im Servicebereich

Die Aufgaben des Controllings als Informations- und Steuerungsinstrument an betrieblichen Beispielen erläutern

Notwendigkeit einer laufenden Kontrolle der Wirtschaftlichkeit der betrieblichen Leistungen begründen

Aufwendungen und Erträge von erbrachten Serviceleistungen darstellen und bewerten

An Aufgaben des kaufmännischen Berichtswesens mitwirken

schwerpunktmäßig im 3. Jahr in einem Zeitraum von insgesamt mindestens 3 Monaten neben anderen Schwerpunkten

Zahlungsverkehr und Buchführung

Kassenabrechnungen durchführen

Zahlungsvorgänge unter Berücksichtigung von Fremdwährungen bearbeiten

schwerpunktmäßig im 2. Jahr in einem Zeitraum von insgesamt mindestens 2 Monaten

Erstattungen bearbeiten

Rechnungswesen als Instrument kaufmännischer Steuerung und Kontrolle an Beispielen des Ausbildungsbetriebes begründen

Vorbereitende Arbeiten für die Buchhaltung durchführen

schwerpunktmäßig im 3. Jahr in einem Zeitraum von insgesamt mindestens 3 Monaten neben anderen Schwerpunkten

Check Ausbildung

Was...?
... Ihnen in der Berufsschule vermittelt wird:

Ausbildungs-jahre	Lerngebiete	Stunden
1. Ausbildungsjahr	Die eigene Berufsausbildung mitgestalten	60
	Wesentliche Elemente der Arbeitnehmerrolle beherrschen	80
	Informieren über die Organisation des Luftverkehrs sowie von Flughäfen und Luftlinien	40
	Über Arbeitsschutz und Sicherheitsbestimmungen und -einrichtungen informieren und diese anwenden	20
	Aufklären über geographische und meteorologische Sachverhalte	80
	Im Luftverkehr wesentliche Elemente des Marketing-Mix anwenden	40
	insgesamt	320
2. Ausbildungsjahr	An der vertraglichen Abwicklung des Passagierluftverkehrs mitwirken	80
	Über Aspekte vor dem Abflug und nach der Landung informieren	20
	Besonderen Kundenerwartungen angemessen entsprechen	40
	Leistungsstörungen feststellen und beheben	60
	Bei der Flugzeugabfertigung mitwirken	80
	insgesamt	280

 Checken Sie

Ausbildung Check

Ausbildungs-jahre	Lerngebiete	Stunden
3. Ausbildungsjahr	Zahlungsvorgänge in verschiedenen Währungen und Zahlungsformen abwickeln	40
	Gastronomische Grundsätze des Luftverkehrs anwenden	40
	Gesundheitliche Präventionsmaßnahmen anwenden und Hilfsmaßnahmen einleiten	60
	Planungs- und Steuerungsinstrumente einsetzen	80
	Externe Einflußfaktoren auf die wirtschaftliche Situation von Unternehmen im Luftverkehr erklären	60
	insgesamt	280

Checken Sie

Check Ausbildung

Aber auch die erworbenen Fachkenntnisse über Arbeitsmittel und Arbeitsobjekte sind oft wertvoller, als man selbst glaubt:

Bei einer späteren Bewerbung zum Beispiel in den Bereichen

- Touristik, Fremdenverkehr, Gästebetreuung, Hotel- und Gaststättenwesen
- Verkehrs- und Transportwesen
- Vertrieb, Verkauf, Service
- Büro, kaufmännische Verwaltung

können Sie auf folgende „Arbeitsmittel" und „Arbeitsobjekte" hinweisen!

Maschinen, technische Hilfsmittel, Ausstattung, Objekte:

- ☐ EDV-Hardware und -Software, z.B. Personalcomputer einschließlich Drucker, Einzelplatzsysteme und Mehrbenutzeranlagen, Datenfernübertragung, Anwendungssoftware, z.B. Textverarbeitungsprogramme, Tabellenkalkulationssysteme, Datenbanken, luftverkehrsspezifische Software

- ☐ Bürokommunikationsmittel und andere Medien zur Informationsbeschaffung, z.B. Telefonanlagen, Anrufbeantworter, Telefax, Fernschreiber, Funk, PC, Fluginformationssysteme, Buchungs- und Reservierungssysteme, Hotelinformationssysteme, Internet, Mailbox, Intranet, Intercom, Bildschirmtext (Btx)

- ☐ Rechen- und Kopiermaschinen und -systeme, elektronische Registrierkassen, Aktenvernichter

- ☐ Büroeinrichtungen, Organisationsmittel, Schreib- und sonstiges Büromaterial

- ☐ Ticket-Automaten, Check-In-Automaten, Infotheken, In-flight-Entertainment- und Infosysteme (im Flugzeug)

- ☐ Gepäckabfertigungssysteme, Gepäcktransportsysteme

- ☐ Sicherheitseinrichtungen, Ausrüstungsgegenstände für Sicherheit, Erste Hilfe und Notfälle (am Flughafen und im Flugzeug)

- ☐ Unterschiedliche Zahlungsmittel (Kreditkarten, Schecks, Überweisungen), Devisen

- ☐ Dienstkleidung

- ☐ Zusätzlich in der Flugbegleitung: Getränke, zubereitete Gerichte und Speisen verschiedenster Art, Bordverkaufswaren, Servier-, Getränke- und Bordverkaufswagen, Kabinen- und Galleyausstattung

Arbeitsunterlagen:

- ☐ Flugpläne, Fahrpläne, Kursbücher, Hotel-, Mietwagenverzeichnisse, Tarifhandbücher, Tarifbestimmungen, Beförderungsbedingungen, Leistungsübersichten, Landkarten, Streckenunterlagen

Ausbildung Check

- ☐ Beförderungsdokumente (Flugscheine), Reiseversicherungsunterlagen
- ☐ Zoll-, Einreise-, Sicherheits-, Asyl- und Artenschutzbestimmungen
- ☐ Unterlagen zur Flugvorbereitung, z.B. Wettervorhersage, Load- und Trimsheet
- ☐ Formulare, Vordrucke, Vertragsunterlagen, Geschäftsberichte, Geschäftskorrespondenz, Listen, Statistiken, Kassenbücher, Kontenlisten, Belege, Quittungen, Überweisungsträger
- ☐ Adreß-, Telefon-, Wörterbücher und sonstige Nachschlagewerke
- ☐ Dienstanweisungen und -vorschriften
- ☐ Schutzvorschriften für DV-Arbeitsplätze
- ☐ Gesetzliche und betriebliche Regelungen und Vorschriften zum Datenschutz
- ☐ EG-Richtlinie zur Bildschirmarbeit
- ☐ Gesetzliche und betriebliche Regelungen und Vorschriften zur Unfallverhütung
- ☐ Brandschutzordnung
- ☐ Sicherheitsvorschriften im Flughafen und im Flugzeug

Check Ausbildung

Ausbildungs-abschluß

Die Abschlußprüfung wird vor der jeweils zuständigen Industrie- und Handelskammer abgelegt.

Besteht man die Abschlußprüfung nicht, kann man verlangen, daß das Ausbildungsverhältnis bis zur nächstmöglichen Wiederholungsprüfung verlängert wird (höchstens jedoch um 1 Jahr). Unabhängig von der Verlängerung kann die Abschlußprüfung laut Berufsbildungsgesetz **2mal** wiederholt werden!

Was wird geprüft?

Die Abschlußprüfung besteht aus einem **schriftlichen** und einem **mündlichen** Teil.

☐ In der schriftlichen Prüfung

– sie dauert insgesamt maximal 6 Stunden – werden Ihnen praxisbezogene Aufgaben oder Fälle aus 3 Prüfungsgebieten vorgelegt

und zwar aus den Bereichen:

> Serviceleistungen mit den Hauptprüfgebieten Vertrieb und Verkauf, Sicherheitseinrichtungen und -verfahren, Passagierservice, Gepäckservice, Flugzeugabfertigung. Hier sollen Sie zeigen, daß Sie auf der Grundlage des betrieblichen Dienstleistungsangebotes Situationen analysieren und kundenorientierte Lösungsmöglichkeiten entwickeln und darstellen können.

> Luftverkehrswirtschaft mit den Hauptprüfgebieten Steuerung und Kontrolle, Märkte und Wettbewerb, Arbeitsorganisation, Informations- und Kommunikationssysteme. Hier sollen Sie zeigen, daß Sie Grundlagen und Zusammenhänge dieser Gebiete verstehen.

> Wirtschafts- und Sozialkunde, wobei Sie zeigen sollen, daß Sie allgemeine wirtschaftliche und gesellschaftliche Zusammenhänge der Berufs- und Arbeitswelt darstellen und beurteilen können.

Ausbildung Check

☐ **In der mündlichen Prüfung**

– sie dauert maximal 35 Minuten und heißt „Praktische Übungen" – können Sie sich für eine von zwei praxisbezogenen Aufgaben, insbesondere aus den Gebieten

> Beratung und Verkauf, Information oder
> Gestalten von Kundenbeziehungen

entscheiden.

Die Aufgabe soll Ausgangspunkt für das folgende Prüfungsgespräch sein. Sie sollen dabei zeigen, daß Sie unter Berücksichtigung der jeweiligen betrieblichen Ausbildungsschwerpunkte betriebspraktische Vorgänge bearbeiten und Gespräche systematisch und situationsbezogen führen können.

Besonders wichtig

sind die Leistungen im Fach „Serviceleistungen" und im mündlichen Prüfungsfach „Praktische Übungen": Sie zählen bei der Ermittlung des Gesamtergebnisses doppelt.

☐ Unter bestimmten Voraussetzungen können mangelhafte Leistungen in der schriftlichen Prüfung durch eine zusätzliche, ergänzende mündliche Prüfung ausgeglichen werden.

Die Prüfung besteht,

wer im Gesamtergebnis und in mindestens 3 der 4 Prüfungsfächer mindestens

ausreichende Leistungen

erzielt und in keinem Fach die Note „ungenügend" erhält.

Check Ausbildung

Eventuelle Verkürzungen der Ausbildungsdauer:

☐ **Allgemeine oder berufliche Vorbildung**
Vor Beginn der Ausbildung erworbene Abschlüsse, Kenntnisse/Fertigkeiten (schulischer oder beruflicher Art) lassen erwarten, daß das Ausbildungsziel in kürzerer Ausbildungszeit erreicht werden kann.
Die Verkürzungsdauer ist unterschiedlich, der Vorbildung entsprechend.
Rechtsgrundlage:
§ 29 Abs. 2 Berufsbildungsgesetz (BBiG)

☐ **Entsprechende Leistungen während der Ausbildung**
Während der Ausbildung erbrachte überdurchschnittliche Leistungen können eine vorzeitige Zulassung zur Abschlußprüfung rechtfertigen.
Die Verkürzungsdauer beträgt: meist 1/2 Jahr
Rechtsgrundlage:
§ 40 Abs. 1 Berufsbildungsgesetz (BBiG)

☐ **Einjährige Berufsfachschule**
Erfolgreicher Besuch einer einjährigen Berufsfachschule, die auf einen oder mehrere Berufe der entsprechenden Fachrichtung vorbereitet
Die Verkürzungsdauer beträgt:
1 Jahr, Anrechnungspflicht als 1. Ausbildungsjahr
Rechtsgrundlage:
§ 3 Abs. 1 Berufsgrundbildungsjahr-Anrechnungs-Verordnung gewerbliche Wirtschaft

☐ **Zwei- oder mehrjährige Berufsfachschule**
Erfolgreicher Besuch einer mindestens zweijährigen Berufsfachschule, die auf den Beruf Servicekaufmann/-kauffrau im Luftverkehr vorbereitet und zu einem dem Realschulabschluß gleichwertigen Abschluß führt
Die Verkürzungsdauer beträgt:
1 Jahr, Anrechnungspflicht als 1. Ausbildungsjahr
evtl. Anrechnung mit einem weiteren 1/2 Jahr auf das 2. Ausbildungsjahr
Rechtsgrundlage:
§ 2 Abs. 2 und 3 Berufsfachschul-Anrechnungs-Verordnung gewerbliche Wirtschaft

Checken Sie

Berechtigungen Check

Berechtigungen

Mit der Abschlußprüfung erwirbt man erstaunlich viele Berechtigungen. Checken Sie ihre Bedeutung!

Zulassung zu IHK-Fortbildungsprüfungen, z.B. zum/zur

☐ **Fachwirt/in (z.B. Touristik- oder Verkehrsfachwirt/in), Fachkaufmann/-kauffrau**

Um zu diesen Industrie- und Handelskammer-Prüfungen zugelassen zu werden, braucht man im Regelfall zusätzlich Berufspraxis. Wie man sich auf die Prüfungen vorbereitet, ist nicht vorgeschrieben. Bildungszentren der Industrie- und Handelskammern und auch andere Bildungseinrichtungen bieten Lehrgänge zur gezielten Prüfungsvorbereitung an.

Berechtigung zur Führung der offiziellen Berufsbezeichnung

☐ **Servicekaufmann/-kauffrau im Luftverkehr**

Sofortiger Anspruch

☐ **auf Zahlung des tariflichen Entgelts für kaufmännische Angestellte**

Berechtigung zum Erwerb des Abschlusses als

☐ **Staatlich geprüfte/r Betriebswirt/in**

Diesen Abschluß erwerben Sie nach 2jährigem Fachschulbesuch. Berufspraxis wird vorausgesetzt. Zuständig für diese Bildungsgänge sind die Bundesländer. Erkundigen Sie sich also beim Kultusministerium, welche Betriebswirt-Bildungsgänge angeboten werden.

Erwerb folgender Fortbildungsberechtigungen

Zulassung zur Weiterbildung zum/zur

☐ **Ausbilder/in**
bzw. Zulassung zur Ausbildereignungsprüfung (nach AEVO = Ausbilder-Eignungsverordnung)

☑ Checken Sie

Check Berechtigungen

Erwerb von Allgemeinbildungsabschlüssen bzw. Berechtigungen

Sofern man noch keinen Hauptschulabschluß hatte (was bei diesem Beruf selten vorkommt), erwirbt man nach Ausbildungsabschluß in allen Bundesländern:

- ☐ **alle mit dem Hauptschulabschluß verbundenen Berechtigungen.**

Darüber hinaus kann in **allen Bundesländern** durch die Abschlußprüfung sogar ein dem

- ☐ **Realschulabschluß gleichwertiger Bildungsabschluß**
  erworben werden.
  Allerdings müssen dafür in der Regel gewisse Voraussetzungen erfüllt sein (z.B. bestimmte Leistungen in der Berufsschule). Im Einzelfall beim zuständigen Schulamt erkundigen!

- ☐ **Nach Absolvierung der Fortbildungsgänge**
  kann man in den meisten Bundesländern auch ohne Abitur mit einer fachbezogenen Prüfung an Fachhochschulen, Technischen Hochschulen bzw. Universitäten studieren – unterschiedlich je nach Bundesland. Informationen bei den einzelnen Kultusministerien/-senatoren oder bei der jeweiligen Hochschule

☑ Checken Sie

Bewerbung Wo? Wie? Check

Bewerbungscheck

Wer bildet aus?

Der Beruf Servicekaufmann/-kauffrau im Luftverkehr gehört zum **Ausbildungsbereich Industrie und Handel.**

Wenn Sie den Entschluß gefaßt haben, sich zum/zur Servicekaufmann/-kauffrau im Luftverkehr ausbilden zu lassen, gilt es, einen ausbildungsberechtigten Betrieb zu finden.

Sie sollten Ihr Augenmerk auf folgende Betriebe richten:

- ☐ **Fluggesellschaften (Linien- und Charterflug)**
- ☐ **Flughäfen**
- ☐ **Abfertigungsgesellschaften**

Suche eines Ausbildungsbetriebes

- ☐ Schieben Sie die Suche nach einem Ausbildungsbetrieb nicht auf die lange Bank. Wer sich rechtzeitig (und nicht erst zum Ende des Schuljahres) umsieht, hat die größte Auswahl und damit die größte Chance, eine passende Ausbildungsstelle zu finden.

- ☐ Informieren Sie sich rechtzeitig über mögliche Ausbildungswege und -stellen. Informationsquellen: die **Berufsberatung Ihres Arbeitsamtes,** die **Industrie- und Handelskammer,** die Tagespresse, Branchenverzeichnisse, Berufsinformationsmessen, die „Homepage" im Internet, die viele Betriebe mittlerweile haben, aber auch Freunde, Verwandte, Bekannte.

- ☐ Haben Sie mögliche Ausbildungsbetriebe gefunden, können Sie zunächst einmal telefonischen **Kontakt** aufnehmen. Erfragen Sie, ob der Betrieb Ausbildungsstellen anbietet, ob und in welcher Form (getippt, handschriftlich) eine schriftliche Bewerbung verlangt wird, welche Unterlagen sonst gewünscht werden (z.B. Schulabgangszeugnis).

☑ Checken Sie

Check Bewerbung Wo? Wie?

Schriftliche Bewerbung

☐ Eine vollständige Bewerbung besteht normalerweise aus einem Anschreiben, dem Lebenslauf, (Abschluß-)Zeugnissen und einem Lichtbild jüngeren Datums. Bedenken Sie bitte: **Bewerbungsunterlagen vermitteln dem Betrieb den ersten Eindruck** von einem Bewerber. Und erste Eindrücke sind oft entscheidend. Achten Sie also darauf, Ihre Bewerbungsunterlagen sauber und übersichtlich zu gestalten.

☐ Formulieren Sie Ihr Anschreiben höflich! Das Anschreiben sollte kurz, **nicht länger als eine Seite** sein. **Begründen Sie,** warum Sie sich für eine Ausbildung als Servicekaufmann/-kauffrau für Luftverkehr interessieren, und warum Sie die Ausbildung gerne in der betreffenden Firma machen würden.

☐ Es kann sinnvoll sein, **Hobbies** zu erwähnen. Diese müssen nicht einmal berufsbezogen sein! Ihre Mitgliedschaft in einem Verein, einer Jugendgruppe o.ä. zeigt z.B. dem Betrieb, daß Sie fähig sind, sich in eine Gruppe, ein Team einzugliedern und dies voraussichtlich auch im Betrieb können.

☐ Schließen Sie Ihr Schreiben mit einem Satz, in dem Sie zum Ausdruck bringen, daß Sie sich über die Einladung zu einem **Vorstellungsgespräch** sehr freuen würden.

☐ Selbstverständlich sollte Ihr Anschreiben keine Rechtschreibfehler enthalten. Falls Sie nicht sicher sind, **zeigen Sie es also** zuvor jemandem.

Vorstellungsgespräch

☐ **Kleidung:** Es darf schon eine „schicke Kombination", vielleicht sogar Anzug und Krawatte sein, wenn Sie sich um eine Ausbildung zum Servicekaufmann/-kauffrau im Luftverkehr bewerben.

☐ Vor allem: Kommen Sie pünktlich zum Vorstellungsgespräch. **Nicht zu früh, aber auf keinen Fall zu spät.** Nehmen Sie sich Zeit für den Weg, es macht keinen guten Eindruck, wenn Sie völlig außer Atem sind.

☐ Informieren Sie sich, wenn irgendwie möglich und zeigen Sie das im Gespräch. Beweisen Sie **Ihr Interesse** für die Ausbildung: Stellen Sie Fragen zum Ausbildungsbetrieb, ruhig auch zu späteren Berufsaussichten.

☐ Treten Sie höflich auf. Versuchen Sie nicht, Ihrem Gegenüber etwas vorzumachen, z.B. Kenntnisse vorzutäuschen, die Sie nicht haben. Sie könnten eine solche Täuschung während der Ausbildungszeit ohnehin nicht aufrecht erhalten. **Niemand kann alles wissen,** und Sie bewerben sich schließlich um eine Ausbildung.

Bewerbung Wo? Wie? **Check**

☐ Da in der Regel mehrere Bewerber/innen zum Vorstellungsgespräch eingeladen werden, fällt häufig nicht sofort eine Entscheidung. **Erkundigen Sie sich daher zum Ende des Gespräches,** wann Sie ggf. wieder nachfragen dürfen. Sie zeigen damit Ihre Einsatzbereitschaft und Ihr Interesse an einer Ausbildung in diesem Betrieb.

☑ Checken Sie

...Info — Was gezahlt wird

Was während der Ausbildung gezahlt wird

! Da erst seit 1.8.1998 mit einer Ausbildung zum/zur Servicekaufmann/-kauffrau im Luftverkehr begonnen wurde, liegen bei Redaktionsschluß noch keine gesicherten Daten über die Höhe der Ausbildungsvergütungen vor.

Checken Sie

Im Ausland

Ausbildungen – und später auch Arbeit – im Ausland werden durch persönliche Vorlieben, Bekanntschaften und Freundschaften, Arbeitsaufnahme eines Elternteils im Ausland usw. immer häufiger angestrebt. Europa wächst zusammen, die Welt wird kleiner...

Manche der folgenden Informationen können auch auf Reisen und im Urlaub nützlich sein, z.B. wenn Sie dort jemanden vom Fach treffen.

Weitere Informationen erhältlich durch:

Europäisches Berufsberatungszentrum beim Arbeitsamt Rosenheim
Wittelsbacher Straße 57
83022 Rosenheim
Tel. 08031/202-233
Fax 08031/202-527 od. 08031/202-400
E-Mail
Berufsberatung_Rosenheim@t-online.de

Hinweis:
Da es sich bei Österreich um einen EU-Staat handelt, besteht Freizügigkeit, d.h. Aufenthalt und Arbeitserlaubnis bedürfen keinerlei besonderer Genehmigung von seiten staatlicher Stellen (gilt übrigens auch für Island und Norwegen).

Ausbildungsmöglichkeiten im deutschsprachigen Ausland

Österreich

Es gibt derzeit keinen direkt vergleichbaren Ausbildungsberuf. Im Servicebereich auf Flughäfen und bei Fluggesellschaften arbeiten nach innerbetrieblicher Schulung und interner Qualifizierung sowie Absolvierung kaufmännischer Schulungen und Kurse Angehörige verschiedener Berufe.

Schweiz

Es gibt derzeit keinen vergleichbaren Ausbildungsberuf. Eine betriebsinterne Ausbildung zum/zur Luftverkehrsangestellten bei der Swissport erfolgt nach abgeschlossener kaufmännischen Berufslehre oder Matura durch entsprechende Grundausbildung und mehrmonatigen Praxiseinsatz im Kundendienst.

✓ Checken Sie

Check Im Ausland ?

Weitere Informationen erhältlich durch:
Europäisches Berufsberatungszentrum beim Arbeitsamt Lörrach
Brombacher Straße 2
79539 Lörrach
Tel. 07621/178-107 (EURO-PC) od. 07621/178-101
Fax 07621/178-188
E-Mail
Berufsberatung_Loerrach@t-online.de

Hinweis:
Da es sich bei der Schweiz um keinen EU-Staat handelt, ist für die Ausbildung eine Aufenthalts- und Arbeitserlaubnis einzuholen.

Ausbildung und Beschäftigung in der EU

Belgien

Welche Berufsbezeichnungen werden dort verwendet?

Achtung!
Da Belgien zweisprachig ist, gibt es französische und niederländische Bezeichnungen

Französisch:
Commerçant de service aérien
(Servicekaufmann im Luftverkehr)
Employé – Transports aériens réguliers (aéroports et aérodrômes)
(Bürofachkraft – Linienflugverkehr (Flughäfen und -plätze))
Employé – Transports aériens non réguliers (aéroports et aérodrômes)
(Bürofachkraft – Charterflugverkehr (Flughäfen und -plätze))

Niederländisch:
Bediende – Luchtvaart volgens dienstregeling (luchthavens en vliegvelden)
(Bürofachkraft – Linienflugverkehr (Flughäfen und -plätze))
Bediende – Luchtvaart zonder dienstregeling (luchthavens en vliegvelden)
(Bürofachkraft – Charterflugverkehr (Flughäfen und -plätze))

Im Ausland? Check

Wer berät in Deutschland über Ausbildungsmöglichkeiten in Belgien?

Europäisches Berufsberatungszentrum beim Arbeitsamt Aachen
Roermonder Straße 51
52072 Aachen
Tel. 0241/897-1711 (EURO PC) oder 0241/897-1104
Fax 0241/897-1171 (EURO PC) oder 0241/897-1589
E-Mail
Berufsberatung_Aachen@t-online.de

Unter welchen Bezeichnungen findet man im Land Einrichtungen, die Berufsausbildungen durchführen?

Wallonische Gemeinschaft (französisch):
> Entreprise et école professionnelle

Dänemark

Welche Berufsbezeichnungen werden dort verwendet?

Kontorfunktionær (faglært) – Ruteflyvning (lufthavne og flyvepladser)
(Bürofachkraft – Linienflugverkehr (Flughäfen und -plätze))
Kontorfunktionær (faglært) – Charterflyvning (lufthavne og flyvepladser)
(Bürofachkraft – Charterflugverkehr (Flughäfen und -plätze))

Wer berät in Deutschland über Ausbildungsmöglichkeiten in Dänemark?

Europäisches Berufsberatungszentrum beim Arbeitsamt Flensburg
Waldstraße 2
24939 Flensburg
Tel. 0461/819-399 od. 0461/819-270
Fax 0461/819-421
E-Mail
Berufsberatung_Flensburg@t-online.de

Frankreich, Luxemburg

Welche Berufsbezeichnungen werden dort verwendet?

Commerçant de service aérien
(Servicekaufmann im Luftverkehr)
Employé qualifié – Transports aériens réguliers (aéroports et aérodrômes)
(Bürofachkraft – Linienflugverkehr (Flughäfen und -plätze))
Employé qualifié – Transports aériens non réguliers (aéroports et aérodrômes)
(Bürofachkraft – Charterflugverkehr (Flughäfen und -plätze))

Wer berät in Deutschland über Ausbildungsmöglichkeiten in Frankreich und Luxemburg?

Frankreich
Europäisches Berufsberatungszentrum beim Arbeitsamt Rastatt
Karlstraße 18
76437 Rastatt
Tel. 07222/930-223 (EURO PC) oder 07222/930-186
Fax 07222/930-244 (EURO PC) oder 07222/930-295
E-Mail
Berufsberatung_Rastatt@t-online.de

Check Im Ausland?

Luxemburg
Europäisches Berufsberatungszentrum beim Arbeitsamt Trier
Schönbornstraße 1
54295 Trier
Tel. 0651/205-440 (EURO PC) oder
0651/205-333
Fax 0651/205-409 (EURO PC) oder
0651/205-356
E-Mail
Berufsberatung_Trier@t-online.de

Unter welchen Bezeichnungen findet man den Ländern Einrichtungen, die Berufsausbildungen durchführen?
> Entreprise et école professionnelle

Griechenland

Welche Berufsbezeichnungen werden dort verwendet?
Δημόσιος διοοκηικός υπάλληλος γενικά – Προγραμματισμένες αεροπορικές μεταφορές (αερολιμένες; αεροδρόμια)
(Bürofachkraft – Linienflugverkehr (Flughäfen und -plätze))
Δημόσιος διοοκηικός υπάλληλος γενικά – Μη προγραμματισμένες αεροπορικές μεταφορές (αερολιμένες; αεροδρόμια)
(Bürofachkraft – Charterflugverkehr (Flughäfen und -plätze))

Wer berät in Deutschland über Ausbildungsmöglichkeiten in Griechenland?
Europäisches Berufsberatungszentrum beim Arbeitsamt Nürnberg
Richard-Wagner-Platz 5
90443 Nürnberg
Tel. 0911/242-2041 oder
0911/242-2026
Fax 0911/242-2859 oder
0911/242-2999
E-Mail
Berufsberatung_Nuernberg@t-online.de

Großbritannien, Irland

Welche Berufsbezeichnungen werden dort verwendet?
Service emloyee in air traffic
(Servicekaufmann im Luftverkehr)
General clerk – Scheduled air transport (airports and airfields)
(Bürofachkraft – Linienflugverkehr (Flughäfen und -plätze))
General clerk – Non scheduled air transport (airports and airfields)
(Bürofachkraft – Charterflugverkehr (Flughäfen und -plätze))

Wer berät in Deutschland über Ausbildungsmöglichkeiten in Großbritannien und Irland?
Europäisches Berufsberatungszentrum beim Arbeitsamt Bremen
Doventorsteinweg 48-52
28195 Bremen
Tel. 0421/178-2103 (EURO PC) oder
0421/178-2320
Fax 0421/178-2961 (EURO PC) oder
0421/178-1564
E-Mail
Berufsberatung_Bremen@t-online.de

Im Ausland? Check

Unter welchen Bezeichnungen findet man in den Ländern Einrichtungen, die Berufsausbildungen durchführen?
> Company and vocational school

Italien

Welche Berufsbezeichnungen werden dort verwendet?
Impiegato di concetto – Trasporti aerei di linea
(Bürofachkraft – Linienflugverkehr (Flughäfen und -plätze))
Impiegato di concetto – Trasporti aerei non di linea
(Bürofachkraft – Charterflugverkehr (Flughäfen und -plätze))

Wer berät in Deutschland über Ausbildungsmöglichkeiten in Italien?
Europäisches Berufsberatungszentrum beim Arbeitsamt München
Kapuzinerstraße 26
80337 München
Tel. 089/5154-3145 (EURO PC) oder 089/5154-3195
Fax 089/5154-6665 (EURO PC) oder 089/5154-6607
E-Mail
Berufsberatung_Muenchen@t-online.de

Niederlande

Welche Berufsbezeichnungen werden dort verwendet?
Gekwalificeerd bediende – Luchtvaart volgens dienstregeling (luchthavens en vliegvelden)
(Bürofachkraft – Linienflugverkehr (Flughäfen und -plätze))
Gekwalificeerd bediende – Luchtvaart zonder dienstregeling (luchthavens en vliegvelden)
(Bürofachkraft – Charterflugverkehr (Flughäfen und -plätze))

Wer berät in Deutschland über Ausbildungsmöglichkeiten in den Niederlanden?
Europäisches Berufsberatungszentrum beim Arbeitsamt Rheine
Dutumer Straße 5
48431 Rheine
Tel. 05971/930-102 (EURO PC) oder 05971/930-200
Fax 05971/930-903 (EURO PC) oder 05971/930-900
E-Mail
Berufsberatung_Rheine@t-online.de

Portugal

Welche Berufsbezeichnungen werden dort verwendet?
Empregado – Transportes aéreos regulares
(Bürofachkraft – Linienflugverkehr (Flughäfen und -plätze))

Check Im Ausland?

Empregado – Transportes aéreos não regulares
(Bürofachkraft – Charterflugverkehr (Flughäfen und -plätze))

Wer berät in Deutschland über Ausbildungsmöglichkeiten in Portugal?
Europäisches Berufsberatungszentrum beim Arbeitsamt Hamburg
Kurt-Schumacher-Allee 16
20097 Hamburg
Tel. 040/2485-0
Fax 040/2485-2333
E-Mail
Berufsberatung_Hamburg@t-online.de

Spanien

Welche Berufsbezeichnungen werden dort verwendet?
Empleado – Transporte aéreo regular
(Bürofachkraft – Linienflugverkehr (Flughäfen und -plätze))
Empleado – Transporte aéreo discrecional
(Bürofachkraft – Charterflugverkehr (Flughäfen und -plätze))

Wer berät in Deutschland über Ausbildungsmöglichkeiten in Spanien?
Europäisches Berufsberatungszentrum beim Arbeitsamt Frankfurt am Main
Fischerfeldstraße 10-12
60311 Frankfurt/Main
Tel. 069/2171-0
Fax 069/2171-2662
E-Mail Berufsberatung_Frankfurt-Main@t-online.de

Wer berät in Deutschland über Ausbildungsmöglichkeiten in anderen EU-Staaten?

Finnland

Europäisches Berufsberatungszentrum beim Arbeitsamt Lübeck
Hans-Böckler-Straße 1
23560 Lübeck
Tel. 0451/588-427 (EURO PC) oder
0451/588-291
Fax 0451/588-604 (EURO PC) oder
0451/588-500
E-Mail Berufsberatung_Luebeck@t-online.de

Schweden

Europäisches Berufsberatungszentrum beim Arbeitsamt Kiel
Adolf-Westphal-Straße 2
24143 Kiel
Tel. 0431/709-1204 (EURO PC) oder
0431/709-1300
Fax 0431/709-1291
E-Mail
Berufsberatung_Kiel@t-online.de

Im Ausland? Check

Ausbildungsmöglichkeiten in anderen Staaten

Leider gibt es hierfür keine generellen Regelungen. Informationen über evtl. erforderliche Aufenthaltserlaubnis/Arbeitserlaubnis müssen bei den in Frage kommenden Stellen eingeholt werden, z.B. bei den Konsulaten oder Botschaften.

Polen

Welche Berufsbezeichnungen werden dort verwendet?
Kasjer lotniczy
(Flugticketkassierer)
Stewardessa naziemna
(Flughafenstewardeß)
Pracownik operacyj. służb ruchu lotnicz.
(Operativer Angest. v. Diensten f. d. Luftverk.)
Personel służb ruchu lotniczego
(Personal von Diensten für den Luftverkehr)

Weitere Informationen erteilt:
Mobilne Centrum Informacji Zawodowej
ul. Podwale 13
00-252 Warszawa
Polen

USA

Welche Berufsbezeichnungen werden dort verwendet?
General clerk – Airport terminal services
(Bürofachkraft – Flughafenterminal)

Wer berät in Deutschland über Ausbildungsmöglichkeiten in den USA?
Botschaft der Vereinigten Staaten von Amerika (USA)
Deichmanns Aue 29
53179 Bonn
Tel. 0228/339-2233
Fax 0228/334102

Carl Duisberg Gesellschaft e.V.
Weyerstraße 79-83
50676 Köln
Tel. 0221/2098-0
Fax 0221/2098-111

Check Im Ausland ?

Wer vermittelt Praktika und Jobs im Ausland?

Eine praktische Tätigkeit im Ausland vor, während oder nach der Ausbildung kann Fremdsprachenkenntnisse verbessern, hilft neue Kontakte zu knüpfen und dient natürlich auch zum Kennenlernen der Lebensweise und Kultur in Ihrem „Wunschland".
Die **Internationale Arbeitsvermittlung der Zentralstelle für Arbeitsvermittlung (ZAV)** – eine Dienststelle der Bundesanstalt für Arbeit – ist Ihnen bei der Suche nach einer geeigneten Praktikumsstelle oder einem entsprechenden Job im Ausland, und zwar weltweit, durch Beratung und Vermittlung behilflich.
Die ZAV vermittelt unter anderem auch Auslandspraktika *während der Ausbildung* sowie für junge Berufstätige nach *abgeschlossener Ausbildung*.
Hier die Adresse:

Zentralstelle für Arbeitsvermittlung
Feuerbachstraße 42-46
60325 Frankfurt am Main
Tel. 069/7111-0
Fax 069/7111-555

Übrigens:
Auslandspraktika während und nach einer Ausbildung können auch durch die EU, z.B. durch das EU-Programm „LEONARDO" finanziell gefördert werden. Informationen hierzu gibt die:

Carl Duisberg Gesellschaft e.V.
Weyerstraße 79-83
50676 Köln
Tel. 0221/2098-0
Fax 0221/2098-111

Wer vermittelt Arbeitsstellen im Ausland?

Erste Anlaufstelle für Beratung und Vermittlung von Arbeitsstellen im Ausland ist auch hier die **ZAV, die Zentralstelle für Arbeitsvermittlung in Frankfurt (Adresse s.o.)**. Sie ist zuständig für die Vermittlung von Arbeitskräften in alle Länder der Welt. Von besonderem Interesse ist, daß sie auch junge Arbeitnehmer zur sprachlichen und beruflichen Fortbildung ins Ausland vermittelt.
Speziell für die **Vermittlung in Länder der Europäischen Union** wurde mit Unterstützung der Europäischen Kommission ein europaweites Netz von sogenannten **EURES-Beratern** geschaffen. EURES steht für „**EUR**opean **E**mployment **S**ervices".
In den Mitgliedsländern gibt es insgesamt über 400 EURES-Berater und -Beraterinnen (davon ca. 40 in Deutschland), die meist bei den öffentlichen Arbeitsverwaltungen angesiedelt sind. Sie sind alle Experten in Fragen des europäischen Arbeitsmarktes und arbeiten eng bei der europaweiten Arbeitsberatung und -vermittlung zusammen. Die EURES-Berater und -Beraterinnen haben direkten Zugriff auf Stellenangebote in den jeweiligen Ländern, verfügen über Informationen zu den dortigen Lebens- und Arbeitsbedingungen und kennen die richtigen Ansprechpartner.
Sollten Sie also nach Ihrer Berufsausbildung eine Beschäftigung in einem Land der Europäischen Union anstreben, können Sie sich z.B. an eine(n) der folgenden EURES-Berater und -Beraterinnen in Ihrer Nähe wenden:

Checken Sie

Im Ausland ? Check

Adressen der EURES-Berater/innen in Deutschland

BADEN-WÜRTTEMBERG

Arbeitsamt Freiburg
Mattusch, Norbert
Lehener Straße 77
79106 Freiburg
Tel. 0761/2710-462

Arbeitsamt Karlsruhe
Müller, Sylvia
Brauerstraße 10
76137 Karlsruhe
Tel. 0721/823-1075, -34

Arbeitsamt Lörrach
Eichkorn, Günther
Brombacher Straße 2
79539 Lörrach
Tel. 07621/178-519

Arbeitsamt Offenburg
Geschäftsstelle Kehl
Turri, Pietro
Am Sundheimer Fort 3
77694 Kehl
Tel. 07851/9197-61

Arbeitsamt Stuttgart
Klapp, Gisela
Neckarstraße 155
70190 Stuttgart
Tel. 0711/920-2747

Arbeitsamt Rastatt
Walz, Daniela
Karlstraße 18
76437 Rastatt
Tel. 07222/930-129

Arbeitsamt Rastatt
Geschäftsstelle Baden-Baden
Maier, Anneliese
Langestraße 75
76530 Baden-Baden
Tel. 07221/2110-36

Arbeitsamt Ravensburg
Geschäftsstelle Friedrichshafen
Hohloch, Sabine
Eckenerstraße 17
88046 Friedrichshafen
Tel. 07541/309-10

BAYERN

Arbeitsamt München
Lenz, Eicke
Kapuzinerstraße 26
80337 München
Tel. 089/5154-6017

Arbeitsamt Nürnberg
Fifka, Erich
Richard-Wagner-Platz 5
90443 Nürnberg
Tel. 0911/242-2149

Arbeitsamt Passau
Bachinger, Albert
Innstraße 30
94032 Passau
Tel. 0851/508-163

Arbeitsamt Rosenheim
Heuberger, Franz
Wittelsbacher Straße 57
83022 Rosenheim
Tel. 08031/202-297

Arbeitsamt Traunstein
Geschäftsstelle Freilassing
Rechenauer, Helmut
Reichenhaller Straße 65
83395 Freilassing
Tel. 08654/4764-13

Arbeitsamt Weilheim
Merkl, Wilhelm
Karwendelstraße 1
82362 Weilheim
Tel. 0881/991-215

BERLIN

Arbeitsamt Berlin-Mitte
Rosenow, Ina
Gotlindestraße 93
10365 Berlin
Tel. 030/5555-1912

Arbeitsamt Berlin-Südwest
Geschäftsstelle Steglitz
Hafner, Josef
Händelplatz 1
12203 Berlin
Tel. 030/8444-1444

BREMEN

Arbeitsamt Bremen
Kähler, Wolfgang
Doventorsteinweg 48-52
28195 Bremen
Tel. 0421/178-1210

HAMBURG

Arbeitsamt Hamburg
Griem, Angela
Nagelsweg 9
20097 Hamburg
Tel. 040/2485-1984

HESSEN

Zentralstelle für Arbeitsvermittlung (ZAV)
Becker, Wolfgang
Feuerbachstraße 42-45
60325 Frankfurt/Main
Tel. 069/7111-437

Fischer, Ingo
Feuerbachstraße 42-45
60325 Frankfurt/Main
Tel. 069/7111-491

Nikolay, Yvonne
Feuerbachstraße 42-45
60325 Frankfurt/Main
Tel. 069/7111-548

Arbeitsamt Kassel
Besteck, Karl-Joachim
Grüner Weg 46
34117 Kassel
Tel. 0561/701-2076

MECKLENBURG-VORPOMMERN

Arbeitsamt Rostock
Jaudzims, Ilona
Friedrich-Engels-Platz 6-8
18055 Rostock
Tel. 0381/804-1240

NIEDERSACHSEN

Arbeitsamt Hannover
Seiler, Claudia
Brühlstraße 4
30169 Hannover
Tel. 0511/919-1942

Arbeitsamt Nordhorn
Weber, Thorsten
Stadtring 9-15
48527 Nordhorn
Tel. 05921/870-159

Check Im Ausland?

NORDRHEIN-WESTFALEN

Arbeitsamt Aachen
Werner, Heinz Jürgen
Roermonder Straße 51
52072 Aachen
Tel. 0241/397-1269

Arbeitsamt Brühl
Geschäftsstelle Euskirchen
Ostermann, Ingo
Thomé Straße 17
53879 Euskirchen
Tel. 02251/797-41

Arbeitsamt Dortmund
Frahm, Walter
Westenhellweg 95-99
44137 Dortmund
Tel. 0231/842-1677

Arbeitsamt Essen
Birlenberg, Thomas
Berliner Platz 10
45127 Essen
Tel. 0201/181-1240

Arbeitsamt Köln
Weber, Elisabeth
Luxemburger Straße 121
50939 Köln
Tel. 0221/9429-1913

Arbeitsamt Krefeld
Geschäftsstelle Nettetal
Blome, Ulrich
Steegerstraße 49
41334 Nettetal
Tel. 02153/9187-21

Arbeitsamt Wesel
Geschäftsstelle Goch
Kullmann, Wilfried
Wiesenstraße 44
47574 Goch
Tel. 02823/9339-13

RHEINLAND-PFALZ

Arbeitsamt Landau
Geschäftsstelle Kandel
Hiery, Peter
Gartenstraße 2
76870 Kandel
Tel. 07275/9550-13

Arbeitsamt Trier
Deutsch, Wilma
Schönbornstraße 1
54295 Trier
Tel. 0651/205-217

SAARLAND

Arbeitsamt Saarbrücken
Horbach, Anfried
Hafenstraße 18
66111 Saarbrücken
Tel. 0681/944-1181

SACHSEN

Arbeitsamt Chemnitz
Pieper, Gudrun
Brückenstraße 4
09111 Chemnitz
Tel. 0371/691-3424

Arbeitsamt Leipzig
Haesler, Hans-Joachim
Georg-Schumann-Straße 150
04159 Leipzig
Tel. 0341/913-1511

SACHSEN-ANHALT

Arbeitsamt Magdeburg
Lüderitz-Gerth, Grit
Hochschulservice
Universitätsplatz 2
39085 Magdeburg
Tel. 0391/6718-171

SCHLESWIG-HOLSTEIN

Arbeitsamt Flensburg
Stöbe, Hugo
Waldstraße 2
24939 Flensburg
Tel. 0461/819-320

Arbeitsamt Kiel
Fietz, Jochen
Adolf-Westphal-Straße 2
24143 Kiel
Tel. 0431/709-1250

THÜRINGEN

Arbeitsamt Jena
Loges, Felix
Fritz-Ritter-Straße 44
07747 Jena
Tel. 03641/379-186

Arbeitsaufgaben Check

Charakteristisch: Als serviceorientierte **Repräsentanten ihres jeweiligen Luftverkehrsunternehmens** leisten Servicekaufleute im Luftverkehr einen wesentlichen Beitrag zur Kundenzufriedenheit und -bindung.

Ob am Flughafen oder im Flugzeug, die **qualifizierte Information und Beratung sowie aufmerksame Betreuung von Fluggästen** spielen eine entscheidende Rolle als Wettbewerbsfaktor in der Wachstumsbranche Luftverkehr.

Neben den erforderlichen Fach- und Produktkenntnissen und der Bereitschaft zum Umgang mit modernen Informations- und Kommunikationstechniken werden eine **hohe Kommunikations- und Kooperationsfähigkeit, Servicebereitschaft und Sozialkompetenz** vorausgesetzt.

Checken Sie

Check Arbeitsaufgaben

Für den Fall,

daß man einen Überblick über die einzelnen Arbeitsaufgaben von Servicekaufleuten im Luftverkehr „schwarz auf weiß" gewinnen möchte:

Diese Arbeitsaufgaben bilden eine solide, abzucheckende Bewerbungsbasis – auch bei einem späteren Interesse an beruflichen Alternativen.

- ☐ Führen von kunden- und serviceorientierten Beratungs- und Informationsgesprächen, ggf. auch in einer Fremdsprache, am Flughafen oder im Flugzeug

- ☐ Einchecken und Abfertigen von Fluggästen am Flughafen (Passagier-Check-in, Gate-Abfertigung)

- ☐ Beraten und Betreuen von hilfsbedürftigen Personengruppen (z.B. älteren Menschen, Behinderten, Minderjährigen), Mitwirken bei der VIP-Sonderbetreuung

- ☐ Betreuen und Versorgen von Passagieren im Flugzeug (Flugbegleitung)

- ☐ Erbringen von Leistungen im Gepäckservice, z.B. Annehmen und Ausgeben von Gepäck, Durchführen der Gepäckermittlung und ggf. der Schadensregulierung

- ☐ Koordinieren der Vorgänge bei der Flugzeugabfertigung, Ausfertigen und Zusammenstellen der dafür erforderlichen Dokumente

- ☐ Informieren von Kunden über Sicherheitseinrichtungen und -verfahren, Durchführen von Sicherheitsverfahren, ggf. Einleiten von Notfallmaßnahmen in Gefahrensituationen

- ☐ Verkaufen von Produkten und Dienstleistungen von Fluggesellschaften, Flughäfen und von deren Dienstleistungspartnern (z.B. Abfertigungsgesellschaften), Ermitteln von Preisen, Ausstellen von Beförderungsdokumenten

- ☐ Mitwirken bei Marketingmaßnahmen

- ☐ Wahrnehmen von administrativen Aufgaben, z.B. in den Bereichen Dienstplanung, Zahlungsverkehr, Verkehrsabrechnung, Buchführung, Reklamationsbearbeitung

Weiterbildungsmöglichkeiten

Für Servicekaufleute im Luftverkehr gibt es erstaunlich viele Weiterbildungsziele! Je nachdem, wo man tätig ist oder werden will, sollte man überlegen, ob und welche spezielle Weiterbildung von Nutzen sein könnte.

Die in Frage kommenden speziellen Weiterbildungen sind unterteilt in:

Vorwiegend fachbezogene Qualifizierungen

Vorwiegend aufstiegsorientierte Qualifizierungen

Selbstverständlich

führen auch fachbezogene Qualifizierungen oft zum beruflichen Aufstieg.

Übrigens…

hängt die Beurteilung, ob es sich um einen Aufstieg handelt, auch von der Höhe des Einkommens ab, und dieses kann in der Praxis zuweilen durchaus höher sein als nach einer aufstiegsorientierten Weiterbildung.

Nachfolgend werden wichtige **„Weiterbildungsbereiche"** genannt.

Check Weiterbildung

Vorwiegend fachbezogene Qualifizierungen

In folgenden Weiterbildungsbereichen sind spezielle Qualifizierungen, insbesondere auch im Hinblick auf die Ausübung bestimmter Berufstätigkeiten, oft empfehlenswert:

- ☐ Touristik, Fremdenverkehrswesen
- ☐ Gästebetreuung, Kundenservice
- ☐ Fremdsprachen, Landeskunde
- ☐ Luftverkehr (Frachtbeförderung)
- ☐ Vertrieb, Verkauf, Kundenakquisition, -beratung
- ☐ Marketing, Werbung, Public Relations (PR)
- ☐ Persönliche Arbeitstechniken, Kommunikations- und Berichtstechniken
- ☐ Mitarbeiterbeziehungen, -führung
- ☐ Berufsbezogenes Recht
- ☐ Büroorganisation, Bürokommunikation, Textverarbeitung, Korrespondenz

Für Ihren persönlichen „Check Weiterbildung" kommen zu jedem der oben genannten Bildungsziele eine Reihe von speziellen Kursen/Bildungsangeboten in Frage. Für nähere Informationen wenden Sie sich bitte an die Arbeitsämter, Industrie- und Handelskammern oder auch an die entsprechenden Fachverbände (Anschriften siehe „Check Adressen").

 Checken Sie

Weiterbildung Check

☐ Datenverarbeitung, Informatik, DV-Anwendungen (z.B. spezielle Computerreservierungssysteme)

☐ Finanz- und Rechnungswesen, Kostenwesen, Controlling

☐ Personalwesen und betriebliches Sozialwesen

☐ Betriebliches Aus- und Fortbildungswesen

Vorwiegend aufstiegsorientierte Qualifizierungen

Fachwirt/in, Fachkaufmann/-kauffrau, Betriebswirt/in

Hierfür sind ebenfalls eine Berufspraxis als Servicekaufmann/-kauffrau im Luftverkehr oder in einem entsprechenden Tätigkeitsbereich vorausgesetzt (das heißt, auch eine Tätigkeit in einem der im „Check Berufe" genannten „alternativen" Berufe kann zu einer entsprechenden Zugangsberechtigung zu einer Fachwirte-, Fachkaufleute- bzw. Betriebswirteausbildung führen; im Zweifelsfall Rückfrage bei den entsprechenden Bildungseinrichtungen empfehlenswert). Vor allem möglich:

Im Bereich (Reise-) Verkehr, Touristik zum/zur:

☐ Touristikfachwirt/in

☐ Betriebswirt/in (VWA) – Touristik

☐ Betriebswirt/in – Touristik

☐ Betriebswirt/in (staatlich geprüft) – Reiseverkehr/Touristik

☐ Betriebswirt/in (staatlich geprüft) – Fremdenverkehrswirtschaft

☐ Verkehrsfachwirt/in

☐ Verkehrsbetriebswirt/in

✓ Checken Sie

Check Weiterbildung

Im Bereich Marketing, Werbung, Public Relations, Kommunikation zum/zur:

☐ Fachkaufmann/-kauffrau – Marketing

☐ Marketing-Kommunikationswirt/in

☐ Kommunikationswirt/in

☐ Public-Relations-Fachwirt/in

☐ Werbefachwirt/in

☐ Fachkaufmann/-kauffrau – Werbung und Kommunikation

☐ Fachwirt/in – Messe-, Tagungs- und Kongreßwirtschaft

Im Bereich Finanz- und Rechnungswesen, Controlling zum/zur:

☐ Fachkaufmann/-kauffrau – Finanz- und Rechnungswesen

☐ Fachkaufmann/-kauffrau – Finanzierung

☐ Fachkaufmann/-kauffrau – Geschäfts- und Finanzbuchführung

☐ Bilanzbuchhalter/in

☐ Fachkaufmann/-kauffrau – Controlling

Im Bereich Personalwirtschaft zum/zur:

☐ Personalfachkaufmann/-kauffrau

Im Bereich Bürowirtschaft zum/zur:

☐ Bürofachwirt/in

Im Bereich Betriebswirtschaft, Handel (allgemein) zum/zur:

☐ Handelsbetriebswirt/in

☐ Handelsfachwirt/in

☐ Betriebswirt/in (VWA)

☐ Betriebswirt/in (staatlich geprüft)

☐ Praktische/n Betriebswirt/in

„Sonderfachkraft"

Hierfür wird in der Regel eine entsprechende Berufserfahrung im Touristikbereich vorausgesetzt. (Im Zweifelsfall sollte man bei der entsprechenden Bildungseinrichtung nachfragen). Beispielsweise sind Weiterbildungen möglich zum/zur:

☐ IATA-Fachkraft

☐ Touristikassistent/in

☐ Touristikfachkraft

☐ Touristikreferent/in

 Checken Sie

Weiterbildung Check

☐ Touristikmanager/in

☐ Freizeit- und Touristikmanager/in

☐ Ökonomie – betriebswirtschaftliche Ausrichtung

☐ Volkswirtschaft (allgemein)

Hochschulstudiengänge

Bei erworbener Zugangsberechtigung (siehe hierzu auch „Check Berechtigungen") kann die Berufsausbildung/Berufspraxis als Servicekaufmann/-kauffrau im Luftverkehr

> für ein Studium der folgend genannten Bildungsbereiche förderlich sein

> wird sogar anerkannt bzw.

> wird oder kann auf Praktika/Scheine o.ä. angerechnet werden (Klärung im Einzelfall erforderlich)

Besonders in Frage kommen folgende Studiengänge (die Abschlußbezeichnungen können unterschiedlich sein):

☐ Betriebswirtschaft – Tourismus, Hotel- und Gaststättenwesen

☐ Betriebswirtschaft – Marketing, Werbung

☐ Betriebswirtschaft – Management, Dienstleistungsmanagement

☐ Betriebswirtschaft – Verkehrs-, Lagerei-, Transportwesen

Ggf. auch:

☐ Andere Studiengänge im betriebswirtschaftlichen Bereich (z.B. Finanz- und Rechnungswesen, Controlling, Personalwirtschaft)

Bei entsprechendem Interesse auch:

☐ Geographie – Fremdenverkehrsgeographie

☐ Wirtschafts- und Kulturraumstudien, Interkulturelles Management

☐ Wirtschaftsingenieurwesen – Transportwesen

Bei pädagogischem Interesse auch denkbar:

☐ Wirtschaftspädagogik

☐ Berufs-, Betriebspädagogik

Ganz neu:

Das Hochschulrahmengesetz (HRG) ermöglicht seit kurzem den Universitäten und Fachhochschulen, Abschlüsse als „**Bachelor**" und „**Master**" anzubieten. Diese sind besonders in den angelsächsischen Ländern gebräuchlich und erleichtern eine internationale Vergleichbarkeit von Qualifikationen.
Mit einem Abschluß als Bachelor wird in der Regel bereits nach 6 Semestern ein erster berufsqualifizierender Abschluß erreicht. Darauf aufbauend kann gleich im Anschluß oder zu einem späteren Zeitpunkt ein Master-Studium absolviert werden.
Aufbauend auf den Beruf Servicekaufmann/-kauffrau im Luftverkehr liegen Abschlüsse mit den folgenden oder ähnlichen Bezeichnungen besonders nahe:

 Checken Sie

Check Weiterbildung

- ☐ Bachelor of Science in Business Administration (BSBA)
- ☐ Bachelor of Business Administration (BBA)
- ☐ Internationale Betriebswirtschaftslehre, Bachelor or Arts (B.A.) (Honours)
- ☐ Wirtschaft (Dt.-brit. Studiengang), Bachelor of Arts (B.A.) (Honours)
- ☐ European Business Administration, Bachelor of Arts (B.A.) (Honours)
- ☐ International Business, Bachelor of Arts (B.A.)
- ☐ International Business, Bachelor of Science (B.Sc.)
- ☐ Economics, Bachelor of Arts (B.A.)
- ☐ International Business, Bachelor of International Business
- ☐ Management, Bachelor of Arts (B.A.)
- ☐ Internationales Management, Bachelor

☑ Checken Sie

Wichtige Adressen

Wenn Sie eine Ausbildung zum/zur Servicekaufmann/-kauffrau im Luftverkehr wählen, stehen Ihnen folgende Stellen gerne zur Verfügung:

Für Berufsberatung und Vermittlung

Für Berufsberatung und Vermittlung von Ausbildungsplätzen sind die Berufsberatungen der örtlichen Arbeitsämter zuständig. Erkundigen Sie sich bitte in den in fast allen Städten (auch in kleineren Städten) vorhandenen örtlichen Dienststellen („Geschäftsstellen" der Arbeitsämter), ob dort Sprechstunden für die Berufsberatung eingerichtet sind. Auch der Besuch eines Berufsinformationszentrums (BIZ) kann sich für Sie lohnen.

Das Berufsinformationszentrum (BIZ) ist eine Einrichtung des Arbeitsamtes, in der sich jeder selbst informieren kann, der vor einer beruflichen Entscheidung steht.

Das BIZ hält ein breit gefächertes Angebot an Medien bereit mit Informationen zu:

- Ausbildung und Studium
- beruflichen Tätigkeiten
- beruflichen Anforderungen
- Weiterbildung und Umschulung
- Entwicklungen am Arbeits- und Bildungsmarkt
- Europa

Informationsmappen, Filme, Dias, Hörprogramme, Bücher, Zeitschriften, und der BIZ-Computer können genutzt werden.

Zu jedem BIZ gehört eine Dokumentationsstelle mit einer umfangreichen Sammlung von berufs-, studien- und wirtschaftskundlichen Informationen. Oft werden Ausstellungen zur Berufs- und Arbeitswelt gezeigt, ergänzt von unterschiedlichen Veranstaltungen wie zum Beispiel Gruppenveranstaltungen für Schülerinnen und Schüler, Informationsveranstaltungen für Eltern, Arbeitskreise für Lehrer oder Arbeitsmarktgespräche.

Bei Fragen helfen die Mitarbeiter des BIZ weiter oder verweisen an die zuständigen Arbeits- oder Berufsberater.

Das BIZ kann kostenlos – ohne Voranmeldung – während der Öffnungszeiten, auch während der Schulferien, genutzt werden – beliebig oft und beliebig lange.

Medienangebot:

 Informationsmappen mit Darstellungen von Aufgaben und Tätigkeiten, Anforderungen, Ausbildung bzw. Studium, Verdienst, Beschäftigungsaussichten, Weiterbildung, Spezialisierung

 Bücher und Zeitschriften zu berufs-, studien- und wirtschaftskundlichen Themen

 Filme zu Einzelberufen, Berufsfeldern und Berufswahlthemen

 Dia-Serien zu Berufsfeldern, Einzelberufen, Berufsbildungs- und Berufsförderungswerken

Check Adressen

 Hörprogramme zu studienkundlichen Fragen und zur beruflichen Fortbildung

 BIZ-Computer mit Programmen zu verschiedenen Berufswahlthemen

 Weiterführendes Informationsmaterial in der Berufskundlichen Dokumentationsstelle

 Berufskundliche Berufsbeschreibungen zum Mitnehmen

 Europa-Informationen
Informationen über Ausbildungs- und Berufsmöglichkeiten in allen europäischen Ländern (in deutscher Sprache, aber auch teilweise in der jeweiligen Landessprache)

 KURS – die Datenbank für Aus- und Weiterbildung präsentiert schnell und übersichtlich Informationen zu den unterschiedlichsten Bildungsangeboten, die Sie mit Hilfe der BIZ-Mitarbeiter abfragen können

Checken Sie

Adressen Check

Anschriften der BIZ (geordnet nach Bundesländern)

Wegen unterschiedlicher Öffnungszeiten empfiehlt sich vorherige telefonische Anfrage:

BADEN-WÜRTTEMBERG:

Julius-Bausch-Straße 12
73430 Aalen
Tel. 07361/575-170

Stingstraße 17
72336 Balingen
Tel. 07433/951-190

Lehener Straße 77
79106 Freiburg
Tel. 0761/2710-100

Mörikestraße 15
73033 Göppingen
Tel. 07161/606-263

Bergheimer Straße 147
(Landfriedhaus)
69115 Heidelberg
Tel. 06221/524-484

Rosenbergstraße 50
74074 Heilbronn
Tel. 07131/969-147

Brauerstraße 10
76135 Karlsruhe
Tel. 0721/823-2200

Stromeyersdorfstraße 1
78467 Konstanz
Tel. 07531/585-330

Brombacher Straße 2
79539 Lörrach
Tel. 07621/178-516

Stuttgarter Straße 53-55
71638 Ludwigsburg
Tel. 07141/137-240

Bahnhofstraße 37
72202 Nagold
Tel. 07452/829-226

Weingartenstraße 3
77654 Offenburg
Tel. 0781/9393-247

Luisenstraße 32
75172 Pforzheim
Tel. 07231/304-255

Marktstraße 150 (AA Reutlingen)
72793 Pfullingen
Tel. 07121/309-409

Karlstraße 18
76437 Rastatt
Tel. 07222/930-186

Schützenstraße 69
88212 Ravensburg
Tel. 0751/805-222

Präsenzgasse 8
78628 Rottweil
Tel. 0741/492-224

Bahnhofstraße 28
74523 Schwäbisch Hall
Tel. 0791/9758-308, -312

Neckarstraße 84
70190 Stuttgart
Tel. 0711/920-4100

Pestalozziallee 17
97941 Tauberbischofsheim
Tel. 09341/87-217

Wichernstraße 5
89073 Ulm
Tel. 0731/160-777

Lantwattenstraße 2
78050 Villingen-Schwenningen
Tel. 07721/209-412

Mayenner Straße 60
71332 Waiblingen
Tel. 07151/9519-557

BAYERN:

Gabriel-Mayer-Straße 6-8 (AA Pfarrkirchen)
84503 Altötting
Tel. 08671/986-0, -224

Jahnstraße 4 (AA Schwandorf)
92224 Amberg
Tel. 09621/4760-160

Schalkhäuser Straße 40
91522 Ansbach
Tel. 0981/182-290

Goldbacher Straße 25-27
63739 Aschaffenburg
Tel. 06021/390-360

Wertachstraße 28
86153 Augsburg
Tel. 0821/3151-506

Mannlehenweg 27
96050 Bamberg
Tel. 0951/9128-821

Casselmannstraße 6
95444 Bayreuth
Tel. 0921/887-266

Raststraße 20
96450 Coburg
Tel. 09561/93-400

Zirgesheimer Straße 9
86609 Donauwörth
Tel. 0906/788-299

Parkstraße 11
85356 Freising
Tel. 08161/171-0, -125

Äußere Bayreuther Straße 2
95032 Hof
Tel. 09281/785-262

Heydeckplatz 1
85049 Ingolstadt
Tel. 0841/9338-280

Rottachstraße 26
87439 Kempten
Tel. 0831/2056-376

Leinfelder Straße 6
84034 Landshut
Tel. 0871/697-700

Dr.-Berndl-Platz 2
87700 Memmingen
Tel. 08331/971-204

Kapuzinerstraße 30
80337 München
Tel. 089/5154-6182

Richard-Wagner-Platz 5
90443 Nürnberg
Tel. 0911/242-2805

Innstraße 30
94032 Passau
Tel. 0851/508-390

Galgenbergstraße 24
93053 Regensburg
Tel. 0941/7808-444

Wittelsbacherstraße 57
83022 Rosenheim
Tel. 08031/202-360

Kornacherstraße 6
97421 Schweinfurt
Tel. 09721/547-405

Wittelsbacherhöhe 14 (AA Deggendorf)
94315 Straubing
Tel. 09421/976-125

 Checken Sie

Check Adressen

Chiemseestraße 35
83278 Traunstein
Tel. 0861/703-210

Weigelstraße 24
92637 Weiden
Tel. 0961/409-321

Karwendelstraße 1
82362 Weilheim
Tel. 0881/991-230

Schwärzgasse 1
91781 Weißenburg
Tel. 09141/871-291

Mergentheimer Straße 22
97082 Würzburg
Tel. 0931/7949-245

BERLIN:

Gotlindestraße 93, Haus 2
10365 Berlin Mitte
Tel. 030/5555-2999

Oudenarder Straße 16
13347 Berlin Nord
Tel. 030/4243-2091

Landsberger Allee 394
12681 Berlin Ost
Tel. 030/2532-2626

Rudower Chaussee 4, Haus 9
12489 Berlin Süd
Tel. 030/6706-2190

Anhalter Straße 1
10963 Berlin Südwest
Tel. 030/2532-2626

Königin-Elisabeth-Straße 49
14059 Berlin West
Tel. 030/30340

BRANDENBURG:

Vetschauer Straße 70
03048 Cottbus
Tel. 0355/473147

Schicklerstraße 14-20, Haus II
16225 Eberswalde-Finow
Tel. 03334/37-2222

Birnbaumsmühle 65
15234 Frankfurt/Oder
Tel. 0335/570-2222

Bahnhofstraße 17
16816 Neuruppin
Tel. 03391/69-2191

Horstweg 96
14482 Potsdam
Tel. 0331/880-2222

BREMEN:

Grimsbystraße 1
27570 Bremerhaven
Tel. 0471/9449-243, -244

Faulenstraße 54-68
28195 Bremen
Tel. 0421/178-2601, -2629

HAMBURG:

Kurt-Schumacher-Allee 16
20097 Hamburg
Tel. 040/2485-2099

HESSEN:

Vitalisstraße 1
36251 Bad Hersfeld
Tel. 06621/209-246

Groß-Gerauer-Weg 7
64295 Darmstadt
Tel. 06151/304-376

Fischerfeldstraße 10-12
60311 Frankfurt/Main
Tel. 069/2171-2222

Rangstraße 4
36037 Fulda
Tel. 0661/17-266

Nordanlage 60
35390 Gießen
Tel. 0641/9393-113

Am Hauptbahnhof 1
63450 Hanau
Tel. 06181/672-776

Grüner Weg 46
34117 Kassel
Tel. 0561/701-2400

Louis-Peter-Straße 51
34497 Korbach
Tel. 05631/957-160

Mozartstraße 1
65549 Limburg a.d. Lahn
Tel. 06431/209-547

Afföller Straße 25
35039 Marburg
Tel. 06421/605-153

Domstraße 68
63067 Offenbach
Tel. 069/82997-442

Sophienstraße 19
35576 Wetzlar
Tel. 06441/909-155, -156

Klarenthaler Straße 34
65197 Wiesbaden
Tel. 0611/9494-307

MECKLENBURG-VORPOMMERN:

Passage 2, Eingang Ponyweg
17034 Neubrandenburg
Tel. 0395/7770-391

Friedrich-Engels-Platz 6-8
18055 Rostock
Tel. 0381/804-2190

Am Margarethenhof 14-16
19057 Schwerin
Tel. 0385/450-0

Alte Richtenberger Straße 20
18437 Stralsund
Tel. 03831/259-815

NIEDERSACHSEN:

Cyriaksring 10, Eingang Münchenstraße
38118 Braunschweig
Tel. 0531/207-2193

Georg-Wilhelm-Straße 14
29223 Celle
Tel. 05141/961-200

Schlesierstraße 10-12
26723 Emden
Tel. 04921/808-0

Robert-Koch-Straße 11
38642 Goslar
Tel. 05321/557-201

Bahnhofsallee 5
37081 Göttingen
Tel. 0551/520-670, -671

Süntelstraße 6
31785 Hameln
Tel. 05151/909-689

Brühlstraße 4, Eingang Escherstraße 17
30169 Hannover
Tel. 0511/919-2199

Adressen Check

Langer Garten 23
31137 Hildesheim
Tel. 05121/969-242

Jahnstraße 6, Eingang
Brinkmannshof
26789 Leer
Tel. 0491/9270-420

Rackerstraße 1
21335 Lüneburg
Tel. 04131/745-384

Verdener Straße 21
31582 Nienburg
Tel. 05021/907-209, -210

Stau 70
26122 Oldenburg
Tel. 0441/228-0

Johannistorwall 56
49080 Osnabrück
Tel. 0541/980-100, -101

Am Schwingedeich 2
21680 Stade
Tel. 04141/926-233

Lüneburger Straße 72
29525 Uelzen
Tel. 0581/939-128

Kronenstraße 5
49377 Vechta
Tel. 04441/946-417

Lindhooper Straße 9
27283 Verden
Tel. 04231/809-345, -346

Schillerstraße 43-49
26382 Wilhelmshaven
Tel. 04421/298-222

Kleiststraße 26 (AA Helmstedt)
38440 Wolfsburg
Tel. 05361/205-170

NORDRHEIN-WESTFALEN:

Roermonder Straße 51
52072 Aachen
Tel. 0241/897-1104

Bismarckstraße 10
59229 Ahlen
Tel. 02382/959-299

Bensberger Straße 85
51465 Bergisch Gladbach
Tel. 02202/9333-828

Werner-Bock-Straße 8
33602 Bielefeld
Tel. 0521/587-1050

Universitätsstraße 66
44789 Bochum
Tel. 0234/305-1213

Villemombler Straße 101
53123 Bonn
Tel. 0228/924-1201

Wilhelm-Kamm-Straße 1
50321 Brühl
Tel. 02232/9461-298

Holtwicker Straße 1
48653 Coesfeld
Tel. 02541/919-387

Wittekindstraße 2
32758 Detmold
Tel. 05231/610-222

Steinstraße 39
44147 Dortmund
Tel. 0231/842-2952, -2953

Wintgensstraße 29-33
47058 Duisburg
Tel. 0203/302-864

Bismarckstraße 1
Ecke Hans-Brückmann-Straße
52351 Düren
Tel. 02421/124-0

Grafenberger Allee 300
40237 Düsseldorf
Tel. 0211/692-2198

Berliner Platz 10
45127 Essen
Tel. 0201/181-8597

Vattmannstraße 12
45879 Gelsenkirchen
Tel. 0209/164-111

Körnerstraße 98-100
58095 Hagen
Tel. 02331/202-241

Hansastraße 33
32049 Herford
Tel. 05221/985-578

Bismarckstraße 1
59065 Hamm
Tel. 02381/910-1001

Erich-Nörrenberg-Straße 7
58636 Iserlohn
Tel. 02371/905-273

Luxemburger Straße 121
50939 Köln
Tel. 0221/9429-2221, -2222

Philadelphiastraße 2
47799 Krefeld
Tel. 02151/92-2200

Ruhrstraße 26
59872 Meschede
Tel. 0291/204-340, -341

Lürriper Straße 52-56
41065 Mönchengladbach
Tel. 02161/404-2250, -2251

Nevinghoff 20
48147 Münster
Tel. 0251/698-170

Stadtring 9-16
48527 Nordhorn
Tel. 05921/870-174

Mülheimer Straße 36
46045 Oberhausen
Tel. 0208/8506-247, -240

Bahnhofstraße 26
33102 Paderborn
Tel. 05251/120-340

Görresstraße 15
45657 Recklinghausen
Tel. 02361/40-1030, -1031

Dutumer Straße 5
48431 Rheine
Tel. 05971/930-135

Hohler Weg 75
57072 Siegen
Tel. 0271/2301-299

Paradieser Weg 2
59494 Soest
Tel. 02921/106-390

Kamper Straße 35
42699 Solingen
Tel. 0212/2355-209

Reeser Landstraße 61
46483 Wesel
Tel. 0281/9620-721

Am Clef 58
42275 Wuppertal
Tel. 0202/2828-460

RHEINLAND-PFALZ:

Viktoriastraße 36
55543 Bad Kreuznach
Tel. 0671/850-507

Augustastraße 6
67655 Kaiserslautern
Tel. 0631/3641-220

Rudolf-Virchow-Straße 5
56073 Koblenz
Tel. 0261/405-440

Check Adressen

Johannes-Kopp-Straße 2
76829 Landau
Tel. 06341/958-222

Berliner Straße 23a
67059 Ludwigshafen
(Mannheim)
Tel. 0621/5993-907

Untere Zahlbacher Straße 27
55131 Mainz
Tel. 06131/248-160

St.-Veit-Straße 4
56727 Mayen
Tel. 02651/950-649

Sauertalstraße 19
56410 Montabaur
Tel. 02602/123-256

Pfarrstraße 3, Ecke Rheinstraße
56564 Neuwied
Tel. 02631/891-290

Schachenstraße 70
66954 Pirmasens
Tel. 06331/530-123

Güterstraße 74
54295 Trier
Tel. 0651/205-425

SAARLAND:

Ringstraße 1
66538 Neunkirchen
Tel. 06821/204-352

Hafenstraße 18
66111 Saarbrücken
Tel. 0681/944-2244

Am Kleinbahnhof 8
66740 Saarlouis
Tel. 06831/448-248

SACHSEN:

Paulus-Jenisius-Straße 43
09456 Annaberg-Buchholz
Tel. 03733/133-6186

Neusalzaer Straße 2
02625 Bautzen
Tel. 03591/34-1410

Heinrich-Lorenz-Straße 20
09120 Chemnitz
Tel. 0371/567-2202

Budapester Straße 30
01069 Dresden
Tel. 0351/475-2100

Georg-Schumann-Straße 150
04159 Leipzig
Tel. 0341/913-2196

Oststraße 3
04758 Oschatz
Tel. 03435/980-135

Rottwerndorfer Straße 45
01796 Pirna
Tel. 03501/791-347

Meßbacher Straße 46
08527 Plauen
Tel. 03741/23-1624

Alleestraße 68
01591 Riesa
Tel. 03525/711-222

Lohsenstraße 43 (AA Altenburg)
04758 Schmölln
Tel. 03461/554-309

Leipziger Straße 176
08058 Zwickau
Tel. 0375/314-1848

SACHSEN-ANHALT:

Elisabethstraße 15
06847 Dessau
Tel. 0340/502-1592

Schwanebecker Straße 14
38820 Halberstadt
Tel. 03941/40-113

Franckestraße 1
06110 Halle
Tel. 0345/22500-10

Nachtweide 82
39085 Magdeburg
Tel. 0391/257-0

Hallesche Straße 99
06217 Merseburg
Tel. 03461/579-309

Baumschulenweg 1
06526 Sangerhausen
Tel. 03464/554-922

Weberstraße 18
39576 Stendal
Tel. 03931/640-117

Melanchthonstraße 3a
06886 Wittenberg
Tel. 03491/438-323

SCHLESWIG-HOLSTEIN:

Berliner Ring 9
23843 Bad Oldesloe
Tel. 04531/167-214

Bauerweg 23
25335 Elmshorn
Tel. 04121/480-461

Waldstraße 2
24939 Flensburg
Tel. 0461/819-387

Rungholtstraße 1
25746 Heide
Tel. 0481/98-332

Adolf-Westphal-Straße 2
24143 Kiel
Tel. 0431/709-1175

Hans-Böckler-Straße 1
23560 Lübeck
Tel. 0451/588-397

Gartenstraße 24
24534 Neumünster
Tel. 04321/943-431

THÜRINGEN:

Max-Reger-Straße 1
99096 Erfurt
Tel. 0361/302-1230

Hermann-Drechsler-Straße 1
07548 Gera
Tel. 0365/857-212

Schöne Aussicht 5
99867 Gotha
Tel. 03621/42-1344

Leutragraben 2-4
07743 Jena
Tel. 03641/379-965

Uferstraße 2
99734 Nordhausen
Tel. 03631/650-350

Würzburger Straße 3
98529 Suhl
Tel. 03681/82-2562

 Checken Sie

Adressen Check

Konkret

können Sie sich bei folgenden Luftverkehrsunternehmen informieren bzw. bewerben, die zum/zur Servicekaufmann/-kauffrau im Luftverkehr ausbilden (Stand November 1998):

Flughafen Düsseldorf GmbH
Postfach 300363
40403 Düsseldorf
Tel. 0211/4210
Fax 0211/4216666

Flughafen Frankfurt Main AG
60547 Frankfurt
Tel. 069/6901
Fax 069/69070081

Flughafen Hamburg GmbH
Postfach 630100
22331 Hamburg
Tel. 040/50750
Tel. 040/50751234

Flughafen München GmbH
Postfach 231755
85326 München
Tel. 089/9751
Fax 089/97557906

Flughafen Stuttgart GmbH
Postfach 230461
70624 Stuttgart
Tel. 0711/9480
Fax 0711/9482349

Eurowings Luftverkehrs AG
Flughafenstraße 100
90411 Nürnberg
Tel. 0911/36560
Fax 0911/3656203

Auf Bundesebene

können auch die folgenden Stellen Auskünfte über die Ausbildung (zum Beispiel über die Ausbildungsvergütungen) oder über Tarife für spätere Arbeitsplätze geben oder Ihre Fragen an die zuständigen Stellen weiterleiten.

Arbeitsgemeinschaft Deutscher Verkehrsflughäfen e.V. (ADV)
Postfach 230462
70624 Stuttgart
Flughafen
70629 Stuttgart
Tel. 0711/9484306
Fax 0711/9484746

Bundesverband der in Deutschland tätigen Luftverkehrsgesellschaften Board of Airline Representatives in Germany (BARIG)
Am Hauptbahnhof 16
60329 Frankfurt
Tel. 069/237288
Fax 069/230666

Arbeitsgemeinschaft Deutscher Luftfahrt-Unternehmen
Nietzschestraße 28
53177 Bonn
Tel. 0228/323747
Fax 0228/328395

AOPA-Germany Verband der Allgemeinen Luftfahrt e.V.
Flugplatz/Außerhalb 27
63329 Egelsbach
Tel. 06103/42081
Fax 06103/42083

German Business Aviation Association e.V.
Postfach 510548
50941 Köln
Gustav-Heinemann-Ufer 84-88
50968 Köln
Tel. 0221/3708424
Fax 0221/3708575

Bundesverband der Betriebe der Allgemeinen Luftfahrt e.V. (BBAL)
Louis-Hagen-Straße 18
53757 Sankt Augustin
Tel. 02241/343126
Fax 02241/343126

Deutsche Lufthansa AG Hauptverwaltung
Von-Gablenz-Straße 2-6
50679 Köln
Tel. 0221/8260
Fax 0221/8263818

Gewerkschaft Öffentliche Dienste, Transport und Verkehr
Theodor-Heuss-Straße 2
70174 Stuttgart
Postfach 103662
70031 Stuttgart
Tel. 0711/20970
Fax 0711/2097462

Deutsche Angestellten-Gewerkschaft (DAG)
Postfach 301230
20305 Hamburg
Johannes-Brahms-Platz 1
20355 Hamburg
Tel. 040/3491501
Fax 040/34915400

Vereinigung Luftfahrt
Adolf-Kolping-Straße 4
64521 Groß-Gerau
Tel. 06152/82699
Fax 06152/3049

Unabhängige Flugbegleiter Organisation e.V.
Nordendstraße 24
64546 Walldorf
Tel. 06105/97130
Fax 06105/971349

Check Adressen

Auch die Industrie- und Handelskammern (IHK)

können Sie beraten, insbesondere in Fragen der beruflichen Weiterbildung oder der Existenzgründung (z.B. Reisebüro):

BADEN-WÜRTTEMBERG:

IHK Ostwürttemberg
Blezinger Straße 15
73430 Aalen
Tel. 07361/62007
Fax 07361/69925

IHK Karlsruhe
Geschäftsstelle Baden-Baden
Lichtentaler Straße 92
76530 Baden-Baden
Tel. 07221/9779-0
Fax 07221/9779-23

IHK Geschäftsstelle Bad Mergentheim
Johann-Hammer-Straße 24
97980 Bad Mergentheim
Tel. 07931/6005
Fax 07931/6007

IHK Region Stuttgart
Geschäftsstelle Böblingen
Steinbeisstraße 11
71034 Böblingen
Tel. 07031/6201-0
Fax 07031/6201-50

IHK Geschäftsstelle Bruchsal
Bahnhofstraße 2a
76646 Bruchsal
Tel. 0725/89941
Fax 07251/89941

IHK Region Stuttgart
Geschäftsstelle Esslingen
Fabrikstraße 1
73728 Esslingen
Tel. 0711/39007-0
Fax 0711/39007-30

IHK Südlicher Oberrhein
Schnewlinstraße 11-13
79098 Freiburg/Breisgau
Tel. 0761/3858-0
Fax 0761/3858-222

IHK Nordschwarzwald
Marie-Curie-Straße 2
72250 Freudenstadt
Tel. 07441/860520

IHK Region Stuttgart
Geschäftsstelle Göppingen
Franklinstraße 4
73033 Göppingen
Tel. 07161/6715-0
Fax 07161/69585

IHK Hauptgeschäftsstelle Heidelberg
Hans-Böckler-Straße 4
69115 Heidelberg
Tel. 06221/ 9017-0
Fax 06221/ 9017-17

IHK Ostwürttemberg
Ludwig-Erhard-Straße 1
89520 Heidenheim/Brenz
Tel. 07321/324-0
Fax 07321/324-169

IHK Heilbronn
Rosenbergstraße 8
74072 Heilbronn
Tel. 07131/9677-0
Fax 07131/9677-199

IHK Karlsruhe
Lammstraße 13-17
76133 Karlsruhe
Tel. 0721/174-0
Fax 0721/174-290

IHK Hochrhein-Bodensee
Schützenstraße 8
78409 Konstanz
Tel. 07531/2860-0
Fax 07531/2860-70

IHK Südlicher Oberrhein
Lotzbeckstraße 31
77933 Lahr/Schwarzwald
Tel. 07821/2703-0
Fax 07821/2703-77

IHK Region Stuttgart
Geschäftsstelle Ludwigsburg
Kurfürstenstraße 4
71636 Ludwigsburg/Württemberg
Tel. 07141/122-0
Fax 07141/122-235

IHK Rhein-Neckar
L 1,2
68161 Mannheim
Tel. 0621/1709-0
Fax 0621/1709-100

IHK Geschäftsstelle Mosbach
Hauptstraße 9
74821 Mosbach
Tel. 06261/9249-0
Fax 06261/9249-28

IHK Nordschwarzwald
Bahnhofstraße 19
72202 Nagold
Tel. 07452/9301-0
Fax 07452/9301-99

IHK Region Stuttgart
Geschäftsstelle Nürtingen
Bismarckstraße 12
72622 Nürtingen
Tel. 07022/3008-0
Fax 07022/3008-30

IHK Nordschwarzwald
Dr.-Brandenburg-Straße 6
75173 Pforzheim
Tel. 07231/201-0
Fax 07231/201-158

IHK Reutlingen
Hindenburgstraße 54
72762 Reutlingen
Tel. 07121/201-0
Fax 07121/201-420

IHK Hochrhein-Bodensee
E.-Fr.-Gottschalk-Weg 1
79650 Schopfheim
Tel. 07622/3907-0
Fax 07622/3907-42

IHK Geschäftsstelle Schwäbisch Hall
Steinbeisweg 25-27
74523 Schwäbisch Hall
Tel. 0791/950220
Fax 0791/9505210

IHK Region Stuttgart
Jägerstraße 30
70174 Stuttgart
Tel. 0711/2005-0
Fax 0711/2005-354

IHK Ulm
Olgastraße 101
89073 Ulm
Tel. 0731/173-0
Fax 0731/173-173

IHK Schwarzwald-Baar-Heuberg
Geschäftsstelle Villingen-Schwenningen
Romäusring 4
78050 Villingen-Schwenningen
Tel. 07721/922-0
Fax 07721/922-166

 Checken Sie

Adressen Check

IHK Region Stuttgart
Geschäftsstelle Waiblingen
Kappelbergstraße 1
71332 Waiblingen
Tel. 07151/95969-0
Fax 07151/95969-26

IHK Bodensee-Oberschwaben
Lindenstraße 2
88250 Weingarten/Württemberg
Tel. 0751/409-0
Fax 0751/409-159

BAYERN:

IHK Aschaffenburg
Kerschensteinerstraße 9
63741 Aschaffenburg
Tel. 06021/880-0
Fax 06021/880-110

IHK für Augsburg und
Schwaben
Stettenstraße 1-3
86150 Augsburg
Tel. 0821/3162-0
Fax 0821/3162-323

IHK für Oberfranken
Bahnhofstraße 25/27
95444 Bayreuth
Tel. 0921/886-0
Fax 0921/12778

IHK zu Coburg
Schloßplatz 5
96450 Coburg
Tel. 09561/7426-0
Fax 09561/7426-50

IHK Lindau-Bodensee
Maximilianstraße 1
88131 Lindau
Tel. 08382/4094-40
Fax 08382/4057

IHK für München und
Oberbayern
Max-Joseph-Straße 2
80333 München
Tel. 089/5116-0
Fax 089/5116-306

IHK Nürnberg
Hauptmarkt 25-27
90403 Nürnberg
Tel. 0911/1335-0
Fax 0911/1335-200

IHK für Niederbayern in Passau
Nibelungenstraße 15
94032 Passau
Tel. 0851/507-0
Fax 0851/507-280

IHK Regensburg
D.-Martin-Luther-Straße 12
93047 Regensburg
Tel. 0941/5694-0
Fax 0941/5694-279

IHK Würzburg-Schweinfurt
Geschäftsstelle Schweinfurt
Karl-Götz-Straße 7
97424 Schweinfurt
Tel. 09721/7848-0
Fax 09721/7848-50

IHK Würzburg-Schweinfurt
Geschäftsstelle Würzburg
Mainaustraße 33
97082 Würzburg
Tel. 0931/4194-0
Fax 0931/4194-100

BERLIN:

IHK zu Berlin
Fasanenstraße 85
10623 Berlin
Tel. 030/31510-0
Fax 030/31510-278

BRANDENBURG:

IHK Cottbus
Goethestraße 1
03046 Cottbus
Tel. 0355/365-0
Fax 0355/365-266

IHK Eberswalde
Heegermühler Straße 64
16225 Eberswalde
Tel. 03334/2537-0
Fax 03334/2537-23

IHK Frankfurt/Oder
Puschkinstraße 12b
15236 Frankfurt/Oder
Tel. 0335/5621-0
Fax 0335/5621-254

IHK Potsdam
Große Weinmeisterstraße 59
14469 Potsdam
Tel. 0331/2786-0
Fax 0331/2786-111

BREMEN:

IHK Bremerhaven
Friedrich-Ebert-Straße 6
27570 Bremerhaven
Tel. 0471/92460-0
Fax 0471/92460-90

Handelskammer Bremen
Am Markt 13
28195 Bremen
Tel. 0421/36370
Fax 0421/3637299

HAMBURG:

Handelskammer Hamburg
Adolphsplatz 1
20457 Hamburg
Tel. 040/36138-0
Fax 040/36138-401

HESSEN:

IHK Geschäftsstelle Bad
Homburg
Louisenstraße 80-82
61348 Bad Homburg
Tel. 06172/1210-0
Fax 06172/22612

IHK Biedenkopf
Am Bahnhof 12-16
35216 Biedenkopf
Tel. 06461/9595-0
Fax 06461/9595-95

IHK Darmstadt
Rheinstraße 89
64295 Darmstadt
Tel. 06151/871-0
Fax 06151/871-281

IHK zu Dillenburg
Am Nebelsberg 1
35685 Dillenburg
Tel. 02771/842-100
Fax 02771/842-199

IHK Frankfurt am Main
Börsenplatz 4
60313 Frankfurt/Main
Tel. 069/2197-0
Fax 069/2197-1424

IHK Friedberg
Goetheplatz 3
61169 Friedberg/Hessen
Tel. 06031/609-0
Fax 06031/609-180

IHK Fulda
Heinrichstraße 8
36037 Fulda
Tel. 0661/284-0
Fax 0661/284-44

IHK Gießen
Lonystraße 7
35390 Gießen
Tel. 0641/7954-0
Fax 0641/75914

Check Adressen

IHK Hanau-Gelnhausen-Schlüchtern
Am Pedro-Jung-Park 14
63450 Hanau
Tel. 06181/9290-0
Fax 06181/9290-77

IHK Geschäftsstelle Hofheim
Kirschgartenstraße 6
65719 Hofheim
Tel. 06192/9647-0
Fax 06192/28894

IHK Kassel
Kurfürstenstraße 9
34117 Kassel
Tel. 0561/7891-0
Fax 0561/7891-290

IHK Limburg
Walderdorffstraße 7
65549 Limburg
Tel. 06431/8091
Fax 06431/25190

IHK Offenbach am Main
Frankfurter Straße 90
63067 Offenbach/Main
Tel. 069/8207-0
Fax 069/8207-199

IHK Wetzlar
Friedenstraße 2
35578 Wetzlar
Tel. 06441/9448-0
Fax 06441/9448-33

IHK Wiesbaden
Wilhelmstraße 24-26
65183 Wiesbaden
Tel. 0611/1500-0
Fax 0611/377271

MECKLENBURG-VORPOMMERN:

IHK Neubrandenburg
Katharinenstraße 48
17033 Neubrandenburg
Tel. 0395/5597-0
Fax 0395/5597-510

IHK Rostock
Ernst-Barlach-Straße 1-3
18055 Rostock
Tel. 0381/338-0
Fax 0381/338617

IHK zu Schwerin
Schloßstraße 17
19053 Schwerin/Mecklenburg
Tel. 0385/5103-0
Fax 0385/5103-136

NIEDERSACHSEN:

IHK Braunschweig
Brabandtstraße 11
38100 Braunschweig
Tel. 0531/4715-0
Fax 0531/4715-299

IHK Lüneburg-Wolfsburg
Südwall 26
29221 Celle
Tel. 05141/9196-0
Fax 05141/9196-52

IHK für Ostfriesland und Papenburg
Ringstraße 4
26721 Emden/Ostfriesland
Tel. 04921/8901-0
Fax 04921/8901-33

IHK Braunschweig
Zweigstelle Goslar
Marktstraße 45
38640 Goslar
Tel. 05321/23231
Fax 05321/24341

IHK Hannover-Hildesheim
Schiffgraben 49
30175 Hannover
Tel. 0511/3107-0
Fax 0511/3107-333

IHK Hannover-Hildesheim
Hindenburgplatz 20
31134 Hildesheim
Tel. 05121/105-0
Fax 05121/105-18

IHK Lüneburg-Wolfsburg
Am Sande 1
21335 Lüneburg
Tel. 04131/742-0
Fax 04131/742180

IHK Oldenburg
Moslestraße 6
26122 Oldenburg
Tel. 0441/2220-0
Fax 0441/2220-111

IHK Osnabrück-Emsland
Neuer Graben 38
49074 Osnabrück
Tel. 0541/353-0
Fax 0541/353-171

IHK Hannover-Hildesheim
Königsplatz 5
37520 Osterode/Harz
Tel. 05522/4440
Fax 05522/74722

IHK Braunschweig
Zweigstelle Peine
Kantstraße 33
31224 Peine
Tel. 05171/77710
Fax 05171/777135

IHK Stade für den Elbe-Weser-Raum
Am Schäferstieg 2
21680 Stade
Tel. 04141/524-0
Fax 04141/524-111

IHK Geschäftsstelle Wilhelmshaven
Virchowstraße 21
26382 Wilhelmshaven
Tel. 04421/91778-0
Fax 04421/41411

NORDRHEIN-WESTFALEN:

IHK zu Aachen
Theaterstraße 6-10
52062 Aachen
Tel. 0241/4460-0
Fax 0241/4460-259

IHK für das südöstliche Westfalen
Königstraße 18-20
59821 Arnsberg
Tel. 02931/878-0
Fax 02931/878-100

IHK Ostwestfalen zu Bielefeld
Elsa-Brandström-Straße 1-3
33602 Bielefeld
Tel. 0521/554-0
Fax 0521/554-219

IHK Münster in Bocholt
Willy-Brandt-Straße 3
46395 Bocholt
Tel. 02871/9903-0
Fax 02871/9903-30

IHK zu Bochum
Ostring 30-32
44787 Bochum
Tel. 0234/9113-0
Fax 0234/9113-110

 Checken Sie

Adressen Check

IHK Bonn
Bonner Talweg 17
53113 Bonn
Tel. 0228/2284-0
Fax 0228/2284-170

IHK Lippe zu Detmold
Leonardo-da-Vinci-Weg 2
32760 Detmold
Tel. 05231/7601-0
Fax 05231/7601-57

IHK zu Dortmund
Märkische Straße 120
44141 Dortmund
Tel. 0231/5417-0
Fax 0231/5417-109

IHK Duisburg-Wesel-Kleve
Mercatorstraße 22-24
47051 Duisburg
Tel. 0203/2821-0
Fax 0203/26533

IHK zu Düsseldorf
Ernst-Schneider-Platz 1
40212 Düsseldorf
Tel. 0211/3557-0
Fax 0211/3557-401

IHK für Essen
Am Waldthausenpark 2
45127 Essen
Tel. 0201/1892-0
Fax 0201/1892-172

IHK Münster in Gelsenkirchen
Rathausplatz 7
45894 Gelsenkirchen
Tel. 0209/388-0
Fax 0209/388-101

IHK zu Köln
Talstraße 11
51643 Gummersbach
Tel. 02261/8101-0
Fax 02261/8101-969

Südwestfälische IHK zu Hagen
Bahnhofstraße 18
59095 Hagen
Tel. 02331/390-0
Fax 02331/13586

IHK zu Dortmund
Zweigstelle Hamm
Südstraße 29
59065 Hamm
Tel. 02381/92141-0
Fax 02381/92141-23

IHK Geschäftsstelle Iserlohn
Gartenstraße 15-19
58636 Iserlohn
Tel. 02371/8092-0
Fax 02371/809280

IHK zu Köln
Unter Sachsenhausen 10
50667 Köln
Tel. 0221/1640-0
Fax 0221/1640-129

IHK Mittlerer Niederrhein
Krefeld
Nordwall 39
47798 Krefeld
Tel. 02151/635-0
Fax 02151/635-138

IHK zu Köln
Zweigstelle Leverkusen
An der Schusterinsel 2
51379 Leverkusen
Tel. 02171/4908-0
Fax 02171/4908-909

IHK Geschäftsstelle
Lüdenscheid
Staberger Straße 5
58511 Lüdenscheid
Tel. 02351/9094-0
Fax 02351/28170

IHK Ostwestfalen zu Bielefeld
Zweigstelle Minden
Portastraße 32
32423 Minden
Tel. 0571/508372
Fax 0571/508375

IHK Mittlerer Niederrhein
Bismarckstraße 109
41061 Mönchengladbach
Tel. 02161/241-0
Fax 02161/241105

IHK zu Münster
Sentmaringer Weg 61
48151 Münster
Tel. 0251/707-0
Fax 0251/707-325

IHK Mittlerer Niederrhein Neuss
Friedrichstraße 40
41460 Neuss
Tel. 02131/9268-0
Fax 02131/9268-810

IHK Geschäftsstelle Olpe
Seminarstraße 36
57462 Olpe
Tel. 02761/9445-0
Fax 02761/9445-40

IHK Ostwestfalen
Gierswall 4
33102 Paderborn
Tel. 05251/1559-0
Fax 05251/1559-31

IHK Wuppertal-Solingen-Remscheid
Elberfelder Straße 49
42853 Remscheid
Tel. 02191/368-0
Fax 02191/368-489

IHK Geschäftsstelle Schwelm
Engelbertstraße 3
58332 Schwelm
Tel. 02336/9295-0
Fax 02336/9295-31

IHK Siegen
Koblenzer Straße 121
57072 Siegen
Tel. 0271/3302-0
Fax 0271/3302-400

IHK Düsseldorf
Geschäftsstelle Velbert
Nedderstraße 6
42551 Velbert
Tel. 02051/9200-0
Fax 02051/9200-30

IHK Wuppertal-Solingen-Remscheid
Heinrich-Kamp-Platz 2
42103 Wuppertal
Tel. 0202/2490-0
Fax 0202/2490-999

RHEINLAND-PFALZ:

IHK Geschäftsstelle Bingen
Kurfürstenstraße 3
55411 Bingen
Tel. 06721/9141-0

IHK für die Pfalz
Zweigstelle Kaiserslautern
Karl-Marx-Straße 37-39
67655 Kaiserslautern
Tel. 0631/67765
Fax 0631/69484

IHK zu Koblenz
Schloßstraße 2
56068 Koblenz
Tel. 0261/106-0
Fax 0261/106-234

IHK für die Pfalz
Zweigstelle Südpfalz/Landau
Im Grein 5
76829 Landau
Tel. 06341/971-110
Fax 06341/971-210

Checken Sie

Check Adressen

IHK für die Pfalz
Ludwigsplatz 2-4
67059 Ludwigshafen
Tel. 0621/5904-0
Fax 0621/5904-166

IHK Geschäftsstelle Mainz
Schillerplatz 7
55116 Mainz
Tel. 06131/262-0
Fax 06131/262-169

IHK für die Pfalz
Zweigstelle Pirmasens
Adam-Müller-Straße 6
66954 Pirmasens
Tel. 06331/523-0
Fax 06331/523-120

IHK Trier
Kornmarkt 6
54290 Trier
Tel. 0651/9777-0
Fax 0651/9777-133

IHK Geschäftsstelle Worms
Rathenaustraße 20
67547 Worms
Tel. 06241/9117-41
Fax 06241/9117-40

SAARLAND:

IHK des Saarlandes
Franz-Josef-Röder-Straße 9
66119 Saarbrücken
Tel. 0681/9520-0
Fax 0681/9520-888

SACHSEN:

IHK Geschäftsstelle Annaberg-Buchholz
Geyersdorfer Straße 9a
09456 Annaberg-Buchholz
Tel. 03733/13040
Fax 03733/130420

IHK Regionalkammer Auerbach
Plauensche Straße 7
08209 Auerbach
Tel. 03744/8340-0
Fax 03744/8340-15

IHK Dresden
Geschäftsstelle Bautzen
Karl-Liebknecht-Straße 2
02625 Bautzen
Tel. 03591/4910-91
Fax 03591/4910-97

IHK Südwestsachsen
Straße der Nationen 25
09111 Chemnitz
Tel. 0371/69000
Fax 0371/643018

IHK Dresden
Niedersedlitzer Straße 63
01257 Dresden
Tel. 0351/2802-0
Fax 0351/2802-280

IHK zu Leipzig
Obermarkt 24
04720 Döbeln
Tel. 03431/7184-0
Fax 03431/7184-25

IHK Geschäftsstelle Glauchau
Rudolf-Breitscheid-Straße 2
08371 Glauchau
Tel. 03763/3251
Fax 03763/3251

Industrie- und Handelskammer
Dresden
Verbindungsbüro Großenhain
Auenstraße 1
01558 Großenhain
Tel. 03522/5202-61

Industrie- und Handelkammer
Dresden
Geschäftsstelle Kamenz
Weststraße 14
01917 Kamenz
Tel. 03578/374100
Fax 03583/374120

IHK zu Leipzig
Goerdelerring 5
04109 Leipzig
Tel. 0341/1267-0
Fax 0341/1267-421

IHK Südwestsachsen
Friedensstraße 32
08523 Plauen
Tel. 03741/214-0
Fax 03741/214-260

Industrie- und Handelskammer
Dresden
Verbindungsbüro Riesa
Heinrich-Heine-Straße 1
01589 Riesa
Tel. 03525/7168-17

IHK Südwestsachsen
Äußere Schneeberger Straße 34
08056 Zwickau
Tel. 0375/814-0
Fax 0375/814-127

SACHSEN-ANHALT:

IHK Halle-Dessau
Frankestraße 5
06110 Halle
Tel. 0345/2126-0
Fax 0345/2029-649

IHK Magdeburg
Alter Markt 8
39104 Magdeburg
Tel. 0391/5693-0
Fax 0391/5693-193

SCHLESWIG-HOLSTEIN:

IHK zu Flensburg
Heinrichstraße 28-34
24937 Flensburg
Tel. 0461/806-158, -159
Fax 0461/806-110

IHK zu Kiel
Lorentzendamm 24
24103 Kiel
Tel. 0431/5194-0
Fax 0431/5194-234

IHK zu Lübeck
Breite Straße 6-8
23552 Lübeck
Tel. 0451/7085-01
Fax 0451/7085-284

THÜRINGEN:

Industrie- und Handelskammer
Südthüringen
Außenstelle Arnstadt
Krappgartenstraße 39-41
99310 Arnstadt
Tel. 03628/6130-0
Fax 03628/6130-12

IHK Erfurt
Weimarische Straße 45
99099 Erfurt
Tel. 0361/3484-0
Fax 0361/3484-360

IHK Ostthüringen zu Gera
Humboldtstraße 14
07545 Gera
Tel. 0365/8553-0
Fax 0365/8553-290

Industrie- und Handelskammer
Südthüringen
Dienststelle Ilmenau
Straße des Friedens 2
98693 Ilmenau
Tel. 03677/84888-0
Fax 03677/841094

Adressen Check

IHK Südthüringen
Gustav-König-Straße 27
96515 Sonneberg/Thüringen
Tel. 03675/7506-0
Fax 03675/7506-20

IHK Südthüringen Suhl
Hauptstraße 33
98529 Suhl
Tel. 03681/362-0
Fax 03681/362-100

Fachzeitschriften

Falls Sie jetzt oder später die ausbildungs- und berufsbezogenen Informationen in Fachzeitschriften nutzen wollen, stehen Ihnen vor allem folgende Fachmedien zur Verfügung:

Aero International, Magazin der Zivilluftfahrt, Hamburg, top special Verlag

AOPA-Letter, Egelsbach, AOPA-Germany

Eurocargo, Magazin für Fuhrpark, Transport, Versand und Lager. München, Huss Verlag

Flug Revue, Stuttgart, Vereinigte Motor-Verlage

fsm Flugsicherheitsmitteilungen, Braunschweig, Luftfahrt-Bundesamt

Ferner bieten die Mitteilungsblätter von Industrie- und Handelskammern nützliche Informationen, z.B. in Bezug auf eine spätere Existenzgründung, und/oder Fortbildungsmöglicheiten

Keine erschöpfende Aufstellung, Angaben ohne Gewähr

...Info Recht

Recht

Gesetze, die die Berufsausbildung in anerkannten Ausbildungsberufen regeln:

Berufsbildungsgesetz (BBiG) vom 14. August 1969 (BGBl. I S. 1112), zuletzt geändert durch Gesetz vom 25. März 1998 (BGBl. I S. 596, 606)

Betriebliche Ausbildung:

Verordnung über die Berufsausbildung zum Servicekaufmann im Luftverkehr/ zur Servicekauffrau im Luftverkehr vom 23. März 1998 (BGBl. I S. 611) (in Kraft getreten am 1. August 1998)

Berufsschulunterricht:

Rahmenlehrplan für den Ausbildungsberuf Servicekaufmann im Luftverkehr/Servicekauffrau im Luftverkehr Beschluß der Kultusministerkonferenz vom 30. Januar 1998

Fortbildungsprüfungen:

Fortbildungen zum/zur staatlich geprüften Betriebswirt/in Landesrechtlich geregelt in den Fachschulordnungen bzw. speziellen Betriebswirt-Verordnungen der einzelnen Bundesländer

Fortbildungen zum/zur Fachwirt/in, Fachkaufmann/-kauffrau Geregelt in Prüfungsordnungen der einzelnen Industrie- und Handelskammern gemäß § 46 Abs. 1 Berufsbildungsgesetz

Checken Sie

Fragen

Sollten Sie weitere, präzise Informationen über Berufe, Bildung und Arbeit benötigen, so stehen wir Ihnen gerne zur Verfügung!

BW Bildung und Wissen
Verlag und Software GmbH
Postfach 820150
90252 Nürnberg
Telefon 0911/9676-0
Telefax 0911/9676-307
e-Mail info@BW-Verlag.de

...Info Register

Register

Abschluß der Ausbildung 80
Abschlußbezeichnung (offizielle) 83
Abschlußprüfung 80
Abschlußprüfung, Formen und inhaltliche Schwerpunkte 80
Abschlußprüfung, Wiederholung 80
Abschlußprüfungen, bestandene 81
Abteilungsleiter/in (Luftverkehr) 24
Abteilungsleiter/in im Flugbetrieb (Flugbegleitung) 26
Abteilungsleiter/in in der Flugbegleiterschulung 26
Account Manager (Luftverkehr) 22
Adressen, EURES-Berater ....ab 97
Adressen, europäische Berufsberatungszentren ....ab 89
Adressen, Praktika und Jobs im Ausland 96
Adressen, von Stellen, die Auskunft über die
Ausbildung geben können 107
Ähnliche Berufe (Berufstätigkeit) ....ab 14
Air Hostess 19
Airport Agent (Fluggastabfertigung/-betreuung) 17
Akquisiteur/in 34
Akquisiteur/in (Reiseveranstalter) 28
Allgemeinbildung (schulische Vorbildung, Zugang zur Berufsausbildung) ...62
Allgemeinbildungsabschlüsse (erworbene Berechtigungen) 84
Alternative Berufe ....ab 14
Alternativen, Beschäftigung (für Arbeitsuchende) ....ab 14
Anforderungen ....ab 58
Anforderungen, körperliche (physische) 60
Anforderungen, psychische 59
Angebote-Check Franchising ....ab 53
Angestellte/r (Öffentliche Verwaltung) 42
Animationsreiseleiter/in 29
Anpassungsmöglichkeiten (Anpassungsweiterbildung) ....ab 101
Anrechnung von Vorbildungen auf die Ausbildungsdauer 82
Anschriften (wichtige Adressen) ....ab 107
Anwendungstrainer/in (Verkehrswesen/Touristik) 41
Arbeit im Ausland 96
Arbeitsaufgaben ....ab 99
Arbeitsmittel, Objekte ....ab 78
Arbeitsplatzbeschaffenheit („Was erwartet Sie?") ....ab 60
Arbeitspsychologische Gesichtspunkte („Psychische Anforderungen") 59
Assistant Flight Manager 22
Assistent/in für Textverarbeitung 37
Assistent/in in der Personalentwicklung 38
Aufbau der Ausbildung (Struktur und Zeitablauf) ....ab 64
Aufstiegsmöglichkeiten siehe „Check Berufe" und „Check Weiterbildung"

 Checken Sie

Register ...Info

Auftragssachbearbeiter/in 34
Ausbilder/in (Luftverkehr) 22
Ausbilder/in für Flugbegleiter/innen 25
Ausbildung .... ab 64
Ausbildung im Ausland .... ab 89
Ausbildung, Dauer 64
Ausbildungsabschluß 80
Ausbildungsaufbau (Struktur und Zeitablauf) .... ab 64
Ausbildungsbeauftragte/r (Luftverkehr) 22
Ausbildungsbetriebe 85
Ausbildungsbezeichnungen siehe „Check Berechtigungen"
Ausbildungsinhalte .... ab 66
Ausbildungsmöglichkeiten im Ausland .... ab 89
Ausbildungsmöglichkeiten in der EU .... ab 89
Ausbildungssituation („Was erwartet Sie") .... ab 60
Ausbildungsvergütung 88
Ausbildungsverkürzung 82
Ausbildungsvoraussetzungen 62
Ausland, Ausbildungsmöglichkeiten .... ab 89
Ausland, Praktika, Jobs, Arbeit im 96
Außendienstmitarbeiter/in 34
Außenhandelskaufmann/-kauffrau 35
Auszubildende, schulische Vorbildung 62
Bankettsachbearbeiter/in 30
Barkellner/in 31
Bausparberater/in im Außendienst 36
Beanspruchungen 60
Berechtigungen 83
Berufe, verwandte .... ab 14
Berufliche Berechtigungen, erworbene .... ab 83
Berufliche Einsatzmöglichkeiten siehe „Check Berufe"
Berufliche Vorbildung (Zugang zur Ausbildung) 62
Berufliche Weiterbildung .... ab 101
Berufsalternativen siehe „Check Berufe"
Berufsausbildung .... ab 64
Berufsbezeichnungen, Ausland .... ab 90
Berufsschulunterricht .... ab 76
Berufstätigkeit 99
Berufsverbände (Adressen) 113
Beschäftigungsalternativen siehe „Check Berufe"
Betriebe 85
Betriebsleiter/in Stationsbereich (Luftverkehr) 23
Bewerbung 85
Bezahlung 88
Bezeichnung des Ausbildungsabschlusses 83
Bildungsgänge an Hochschulen (Weiterbildung) 105
Bildungsziele (Weiterbildung) 102
Bodensteward/ess (Fluggastabfertigung/-betreuung) 17
Business Support Executive (Luftverkehr) 20

...Info Register

Cabin Attendant (Luftverkehr)	19
Call Center Agent	35
Cargo Agent (Luftverkehr)	32
Catering-Fachkraft	30
Check Arbeitsaufgaben	99
Check Ausbildungsbetriebe	85
Check Berechtigungen	83
Check Berufe	14
Check Bewerbung Wo? Wie?	85
Check Eignung	58
Check Franchising	50
Check Im Ausland?	89
Check Interessierende Adressen	107
Check Körperliche Anforderungen	60
Check Psychische Anforderungen	59
Check Selbständigkeit	44
Check Vorbildung	62
Check Weiterbildung	101
Chef de Cabine (CDC)	25
Chefsteward/ess (Flugbegleitung)	26
Commis d'étage	31
Commis de bar	31
Counter Hostess (Fluggastabfertigung/-betreuung)	17
Counterfachkraft	28
Counterkraft (Fluggastabfertigung/-betreuung)	17
Crewplaner/in (Luftverkehr)	19
Dauer der Ausbildung	64
Debitorenbuchhalter/in	39
Direktionsassistent/in	37
Duales System	66
DV-Anwendungsberater/in (Verkehrswesen/Touristik)	41
DV-Hotline-Betreuer/in (Verkehrswesen/Touristik)	41
DV-Koordinator/in (Verkehrswesen/Touristik)	41
DV-Schulungsbeauftragte/r (Verkehrswesen/Touristik)	41
DV-Vertriebsbeauftragte/r (Verkehrswesen/Touristik)	41
Eignung	58
Eignungsvoraussetzungen, körperliche	60
Empfangsangestellte/r (Hotel)	30
Empfangsbürokraft	37
Empfangschef/in (Hotel)	30
Entgeltreferent/in	38
Erste/r Flugbegleiter/in	25
Erworbene Berechtigungen	83
Etagenkellner/in	31
EU, vergleichbare Ausbildungsgänge	ab 89
Europäische Berufsberatungszentren	ab 89
EU-Staaten (Ausbildung, Arbeit)	ab 90
Exportsachbearbeiter/in	35
Fachberater/in	34

Register ...Info

Fachbezogene Weiterbildung – generell	102
Fachbezogene Weiterbildung – vorwiegend aufstiegsorientiert	103
Fachkraft für Bürokommunikation	37
Fachkraft für Fluggastabfertigung	17
Fachkraft für Fluggastbetreuung	17
Fachkraft für Fluggastdienste	17
Fachkraft für Flugzeugabfertigung	19
Fachkraft für Gemeinschaftsverpflegung	31
Fachkraft für Gepäckermittlung (Luftverkehr)	18
Fachkraft für Lohn- und Gehaltsabrechnung	39
Fachkraft für Reservierung (Luftverkehr)	20
Fachkraft für Telefonverkauf (Luftverkehr)	20
Fachkraft im Telefonverkauf	36
Fachkraft in Kur- und Bäderverwaltungen	28
Fachmann/Fachfrau für Presse- und Öffentlichkeitsarbeit	40
Fachpresse	119
Fachverkäufer/in	34
Fachzeitschriften	119
Ferienclub-Manager/in	31
Ferienclubleiter/in	31
Feriendorfverwalter/in	31
Filial-Kundenberater/in (Bausparkasse)	36
Firmendienstspezialist/in (Reiseverkehr)	28
Flight Attendant	19
Flight Manager	22
Flugbegleiter/in	19
Flughafenbetreuer/in (bei Reiseveranstaltern)	28
Flughafen-Hostess (Fluggastabfertigung/-betreuung)	17
Flughafenmitarbeiter/in (Fluggastabfertigung/-betreuung)	17
Flugreisenberater/in	28
Flugreisensachbearbeiter/in	28
Food and Beverage Assistant	30
Formen und inhaltliche Schwerpunkte der Abschlußprüfung	80
Fortbildung	101
Fortbildungsberechtigungen	83
Frachtakquisiteur/in (Luftverkehr)	32
Franchising	50
Fremdenverkehrsfachkraft	28
Front Office Clerk	30
Front Office Manager	30
Gebietsrepräsentant/in (Reiseleitung)	29
Gebietsverkaufsrepräsentant/in in der Passageakquisition (Luftverkehr)	21
Gesetzliche Regelungen	120
Gesundheitliche Voraussetzungen	ab 60
Gewährleistungssachbearbeiter/in	34
Ground Hostess (Fluggastabfertigung/-betreuung)	17
Ground Steward/ess (Fluggastabfertigung/-betreuung)	17
Gruppenleiter/in im administrativen Bereich (Luftverkehr)	23
Gruppenleiter/in im Flugbetrieb (Flugbegleitung)	26

...Info Register

Gruppenleiter/in im Verkaufsbereich (Luftverkehr) 22
Gruppenleiter/in in der Flugbegleiterschulung 26
Guest Relations Manager (Hotel) 30
Guest Relations Representative (Hotel)..30
Hochschulbildungsgänge (Weiterbildung)..105
Hostess (Bodendienst, Fluggastabfertigung/-betreuung) 17
Hostess bei Großsportveranstaltungen..30
Hotelreservierungssachbearbeiter/in 30
Hotelrezeptionist/in 30
Hotelverkaufssachbearbeiter/in 30
Hotline-Berater/in..35
IATA-Fachkraft 28
Immobilienberater/in 36
Importsachbearbeiter/in...35
Incentive-Reisen-Fachkraft 28
Incoming-Sachbearbeiter/in (Reiseverkehr) 28
Info Recht 120
Info Was gezahlt wird 88
Informationshostess..30
Inhalte der Ausbildung ....ab 66
Inhaltliche Schwerpunkte der Abschlußprüfung.....................................80
Inland, Ausbildungsstätten 85
Interessen-Check...59
IT-Supportmitarbeiter/in (Verkehrswesen/Touristik) 41
Jobs im Ausland .... ab 89
Kabinensteward/ess..31
Kaufmännische Fachkraft für Verkehrsservice 33
Kaufmännische Fachkraft im Eisenbahn- und Straßenverkehr............33
Kaufmännische Fachkraft im Schiffahrtsverkehr...................................33
Kaufmännische Fachkraft im Speditionsgewerbe 33
Kaufmännische Fachkraft in der Bahnspedition....................................33
Kaufmännische Fachkraft in der Binnenschiffahrts- und
Binnenumschlagsspedition..33
Kaufmännische Fachkraft in der Seehafenspedition 33
Kaufmännische/r Betriebsassistent/in 37
Kaufmännische/r Sachbearbeiter/in 37
Kenntnis-Check 58
Kenntnisprüfung (Abschlußprüfung)..80
Kommunikationsassistent/in (Büro) 38
Kommunikationsassistent/in in der Werbung...40
Kongresshostess 30
Körper-Check 60
Körperliche Anforderungen 60
Körperliche Eignungsvoraussetzungen 60
Kostenrechner/in...39
Kreditorenbuchhalter/in...39
Kundenberater/in (Bank- und Kreditwesen)...36
Kundenberater/in in der gesetzlichen Krankenversicherung................42
Kundenbetreuer/in im Versicherungsaußendienst 36

Register ...Info

Kundendienstsachbearbeiter/in (Luftfracht) 32
Kundenservicefachkraft 34
Kursleiter/in 43
Lehre siehe „Ausbildung"
Lehrpurser/-purserette (Flugbegleiterschulung) 26
Leistungssachbearbeiter/in (Sozialversicherung) 43
Leiter/in einer Ferieneinrichtung 31
Leiter/in einer Freizeiteinrichtung 31
Leiter/in eines Campingplatzes 31
Leiter/in eines Freizeitparks 31
Leiter/in Flugscheinschalter 22
Leiter/in Organisationseinheit (Luftverkehr) 24
Lohn- und Gehaltsbuchhalter/in 40
Luftfrachtagent/in 32
Luftverkehrsangestellte/r (Flugbetrieb) 19
Luftverkehrsangestellte/r (Fluggastabfertigung/-betreuung) 17
Luftverkehrsangestellte/r (Flugzeugabfertigung) 19
Luftverkehrsangestellte/r (Gepäckermittlung) 18
Luftverkehrsangestellte/r (Sicherheitsbereich) 18
Luftverkehrsangestellte/r (Verkauf/Kundenbetreuung) 20
Mahnbuchhalter/in 39
Managementassistent/in 37
Marketingassistent/in 40
Marketingsachbearbeiter/in 40
Merkmale, physische 60
Merkmale, psychische 59
Messehostess 30
Mitarbeiter/in am Check-In (Fluggastabfertigung/-betreuung) 17
Mitarbeiter/in Crew Planning/Control (Luftverkehr) 19
Mitarbeiter/in Crewcontact (Luftverkehr) 19
Mitarbeiter/in Flight-Operation 19
Mitarbeiter/in für den Kundenservice (Reiseveranstalter, Reisevermittler) ... 28
Mitarbeiter/in für Schalter und Reservierung (Fluggast-
abfertigung/-betreuung) 17
Nachholen der Abschlußprüfung 80
Neigungen siehe „Interessen-Check"
Nichtbestehen der Abschlußprüfung, Regelungen 80
Objekte, Arbeitsmittel (relevant für Bewerbungen) .... ab 78
Office-Manager/in 38
Omnibussteward/ess 29
Operations Agent (Fluggastabfertigung/-betreuung) 17
Operations Agent (Flugzeugabfertigung) 19
Passageabfertigungsangestellte/r (Fluggastabfertigung/-betreuung) 17
Passageakquisiteur/in (Luftverkehr) 21
Passageangestellte/r (Luftverkehr) 20
Passagefachberater/in (Luftverkehr) 20
Passageleiter/in (Luftverkehr) 24
Personalassistent/in 38
Personalsachbearbeiter/in 38

 Checken Sie

...Info Register

Personaltrainer/in	43
Physische Anforderungen	60
Praktika im Ausland	96
PR-Sachbearbeiter/in	40
Prüfung, Formen und inhaltliche Schwerpunkte	80
Prüfung, Nichtbestehen und Wiederholung	80
Psychische Anforderungen	59
Purser/Purserette (Flugbegleitung)	25
Qualifizierungsmöglichkeiten siehe „Check Weiterbildung"	
Rechtliche Regelungen	120
Reisebürofachkraft	28
Reisehostess	28
Reiseleiter/in	29
Reklamationssachbearbeiter/in (Luftfracht)	32
Reklamationssachbearbeiter/in (Luftverkehr)	20
Reklamationssachbearbeiter/in (Reiseveranstalter, Reisevermittler)	28
Reservations-Supervisor (Luftverkehr)	22
Reservierungs- und Passagefachkraft (Luftverkehr)	20
Reservierungs- und Ticketingfachkraft (Luftverkehr)	20
Reservierungsangestellte/r	28
Reservierungsleiter/in (Hotel)	30
Restaurantfachkraft	31
Restaurantleiter/in bei Fast-Food-Ketten	30
Revenue Accountant (Luftverkehr)	21
Rezeptionist/in in großen Wirtschaftsunternehmen	37
Sachbearbeiter/in (Öffentliche Verwaltung)	43
Sachbearbeiter/in für Agenturbetreuung (Luftverkehr)	20
Sachbearbeiter/in für Besatzungsdisposition (Luftverkehr)	19
Sachbearbeiter/in für Controlling	39
Sachbearbeiter/in für Finanz- und Rechnungswesen	39
Sachbearbeiter/in für Flugbetrieb	19
Sachbearbeiter/in für Flugdisposition (Luftverkehr)	20
Sachbearbeiter/in für Flugtarife (Luftverkehr)	20
Sachbearbeiter/in für Forderungsmanagement	39
Sachbearbeiter/in für Frachtabrechnung (Luftverkehr)	32
Sachbearbeiter/in für Frachtflugzeugabfertigung	32
Sachbearbeiter/in für Frachtreservierung (Luftverkehr)	32
Sachbearbeiter/in für Frachtverkauf (Luftverkehr)	32
Sachbearbeiter/in für Geschäftsreisen (Luftverkehr)	20
Sachbearbeiter/in für Ladeplanung (Luftfracht)	32
Sachbearbeiter/in für Linienabrechnung (Luftverkehr)	21
Sachbearbeiter/in für Touristik/Privatreiseteams (Luftverkehr)	20
Sachbearbeiter/in für Tracing/Nachforschung (Luftfracht)	32
Sachbearbeiter/in für Verkauf/Kundenbetreuung (Luftverkehr)	20
Sachbearbeiter/in für Verkehrsabrechnung (Luftverkehr)	21
Sachbearbeiter/in für Zahlungsverkehr	39
Sachbearbeiter/in in der Autovermietung	33
Sachgebietsleiter/in im administrativen Bereich (Luftverkehr)	23
Sales and Administration Clerk (Luftverkehr)	20

Register ...Info

Sales Manager (Luftverkehr) 22
Sales Manager (Reiseveranstalter) 28
Sales representative (Flugreisen) 28
Sales Representative (Hotel-Außendienst) 30
Sales Representative in der Passageakquisition (Luftverkehr) 21
Sales Secretary (Hotel) 30
Schaltermitarbeiter/in (Bank- und Kreditwesen) 36
Schiffssteward/ess 31
Schriftliche Bewerbung 86
Schulabschluß (vorausgesetzter) 62
Schulische Vorbildung der Auszubildenden 62
Schulisches Berufsgrundbildungsjahr 82
Schulungsfachkraft (Luftverkehr) 43
Schulungsreferent/in 43
Schwerpunkte der Abschlußprüfung 80
Schwerpunkte der Tätigkeit .... ab 99
Section Leader (Luftverkehr) 22
Sekretariatsfachmann/-fachfrau 37
Sektionsleiter/in (Luftverkehr) 22
Sektionsleiter/in Reservierung (Luftverkehr) 22
Selbständigkeit 44
Servicekaufmann/-kauffrau im Flugbetrieb (Luftverkehr) 19
Servicekaufmann/-kauffrau im Sicherheitsbereich (Luftverkehr) 18
Servicekaufmann/-kauffrau in der Flugbegleitung (Luftverkehr) 19
Servicekaufmann/-kauffrau in der Fluggastabfertigung und -betreuung
(Luftverkehr) 17
Servicekaufmann/-kauffrau in der Flugzeugabfertigung (Luftverkehr) 19
Servicekaufmann/-kauffrau in der Gepäckermittlung (Luftverkehr) 18
Servicekaufmann/-kauffrau in der Passageakquisition (Luftverkehr) 21
Servicekaufmann/-kauffrau in der Verkehrsabrechnung (Luftverkehr) 21
Servicekaufmann/-kauffrau in Service-Centern von
Luftverkehrsgesellschaften 20
Sicherheitsmitarbeiter/in (Luftverkehr) 18
Software-Consultant (Verkehrswesen/Touristik) 41
Spezialist/in für Systemgastronomie 30
START-Verfahrensberater/in 41
Stationsbetriebsleiter/in (Luftverkehr) 23
Stationsleiter/in (Luftverkehr) 24
Stellvertretende/r Leiter/in einer Gebietsverkaufsleitung (Luftverkehr) ... 22
Steward/ess (Luftverkehr) 19
Steward/ess im Zugrestaurant 31
Studiengänge (Weiterbildung) 105
Suche eines Ausbildungsbetriebes 85
Supervisor Call Center 35
Tätigkeit, selbständige 44
Tätigkeiten .... ab 99
Teamassistent/in 37
Teamleiter/in Call Center 35
Teamleiter/in im administrativen Bereich (Luftverkehr) 23

...Info Register

Teamleiter/in Reservierung (Luftverkehr) 22
Telefonische/r Kundenberater/in 36
Telefontrainer/in 43
Telemarketing-Berater/in 35
Ticketfachkraft (Luftverkehr) 20
Ticketing Agent (Luftverkehr) 20
Ticketing Supervisor (Luftverkehr) 22
Ticketingfachkraft (Luftverkehr) 20
Touristikfachberater/in 28
Touristiksachbearbeiter/in 28
Trafficer/in 40
Trainer/in (Luftverkehr) 43
Trainingspurser/-purserette 25
Übergangsmöglichkeiten in andere Berufe siehe „Check Berufe"
Veranstalterrepräsentant/in (Fluggastabfertigung/-betreuung) 17
Veranstaltungssekretär/in (Hotel) 30
Verdienst 88
Vergleichbare Berufsausbildung im Ausland .... ab 89
Vergleichbare Berufsausbildungen in der EU .... ab 90
Vergütung 88
Verkaufsförderer/-förderin 40
Verkaufsinnendienstmitarbeiter/in (Luftverkehr) 20
Verkaufsleiter/in (Luftverkehr) 24
Verkaufsrepräsentant/in (Reiseveranstalter) 28
Verkaufsrepräsentant/in in der Passageakquisition (Luftverkehr) 21
Verkaufssachbearbeiter/in 34
Verkaufstrainer/in 43
Verkürzung der Ausbildungsdauer 82
Verlagsvertreter/in 34
Vermietberater/in (Autovermietung) 33
Vermietrepräsentant/in (Autovermietung) 33
Versicherungsagent/in 36
Vertriebsassistent/in 34
Vertriebsbeauftragte/r 34
Vertriebskaufmann/-kauffrau 34
Verwertbare Kenntnisse, Fertigkeiten, Erfahrungen bei
Beschäftigungsalternativen siehe „Check Berufe"
VIP-Fachkraft (Hotel) 30
VIP-Hostess (Hotel) 30
Voraussetzungen für die Ausbildung 62
Voraussetzungen, körperliche (physische) siehe „Körper-Check"
Voraussetzungen, psychische 59
Vorbildung, berufliche 62
Vorbildung, schulische 62
Vorbildungsbedingungen 62
Vorlieben und Interessen 59
Vorstellungsgespräch 86
Vorwiegend aufstiegsorientierte Qualifizierungen .... ab 103
Vorwiegend fachbezogene Qualifizierungen 102

Register ...Info

Weiterbildung aufstiegsorientiert .... ab 103
Weiterbildung fachbezogen 102
Weiterbildungslehrer/in 43
Werbesachbearbeiter/in 40
Wesentliche körperliche Eignungsvoraussetzungen 60
Wiederholung der Abschlußprüfung 80
Zeitschriften, interessierende 119
Zugangsvoraussetzungen, Ausbildung 62

NEU vom führenden Fachverlag für Analysen und aktuelle Informationen über Bildung, Beruf, Beschäftigung

Berufs-Chancen-Check

Wissen Sie, daß Sie **mit einer einzigen Ausbildung** eine **große Anzahl von Berufen** wählen? Als Reiseverkehrskaufmann/-frau z.B. 160, als Kraftfahrzeugmechaniker/in 169 Berufe!

Checken Sie jeden einzelnen Beruf, in den Sie nach Ihrer Ausbildung einsteigen können! **Haken Sie aber auch** vor allem folgende **Spezial-Checks** ab, damit Ihre Berufsausbildung ein Erfolg werden kann:

✓ Check Eignung ✓ Check Vorbildung
✓ Check Berechtigung ✓ Check Bewerbung
✓ Check Weiterbildung

Genaue Informationen über Ausbildungsmöglichkeiten im deutschsprachigen Ausland und der Europäischen Union sowie eine Vielzahl von Adressen ergänzen oder erleichtern die Bewerbung um eine Ausbildungsstelle.

Mit durchgehend **vierfarbigem Informationsraster**!

Format ca. 17 x 24 cm, ca. 150 Seiten,

je DM 39,80   sFr 37,–   ÖS 291,–

1998:

Augenoptiker/in
Bankkaufmann/-frau
Buchhändler/in
Bürokaufmann/-frau
Elektroinstallateur/in
Fotograf/in
IT-System-Kaufmann/-frau
Kaufmann/-frau im Einzelhandel
Kaufmann/-frau im Groß- und Außenhandel
Kraftfahrzeugmechaniker/in
Mechatroniker/in
Physiotherapeut/in
Reiseverkehrskaufmann/-frau
Versicherungskaufmann/-frau

Frühjahr 1999:

Erzieher/in
Hotelfachmann/-frau,
Krankenschwester/-pfleger
Tischler/in

Weitere folgen! Fragen Sie Ihren Buchhändler!

NEU vom führenden Fachverlag für Analysen und aktuelle Informationen über Bildung, Beruf, Beschäftigung

Berufe mit ... Deutsch/... Mathematik/... usw.

Sollte man nicht einen Beruf wählen, für den man Wissensvorteile besitzt?
Der Wechsel von der Schule in eine Berufsausbildung und in einen Arbeitsplatz fällt dann leichter.
„Berufe mit ..." nennt **für jedes Schulfach unglaublich viele Berufe**, in denen dieses Fach eine Rolle spielt, für Biologie z. B. ca. 70 Berufe!

Vergleichen Sie die **Plus- und Minusfaktoren** der einzelnen Berufe. Stimmen die vorausgesetzten Interessen, Schulkenntnisse, Fähigkeiten, Tätigkeiten mit Ihren Schulleistungen, Ihren Wünschen und Vorstellungen überein? Oder müssen Sie Ihre Eignung für einen bestimmten Beruf überprüfen?

Berufsfindung, die Spaß macht!

Format ca. 17 x 24 cm,
ca. 240 Seiten,

je DM 39,80   sFr 37,–   ÖS 291,–

1998:

Biologie
Chemie
Geographie
Geschichte
Kunsterziehung, Gestalten
Musik
Sport, Bewegen

Frühjahr 1999:

Datenverarbeitung, Informatik
Deutsch
Mathematik
Physik
Religion, Ethik
Sozialkunde

Weitere folgen! Fragen Sie Ihren Buchhändler!

NEU vom führenden Fachverlag für Analysen und aktuelle Informationen über Bildung, Beruf, Beschäftigung

Alternativen zu meinem Wunschberuf

Sie wollen Ihre **Berufswahl** auf eine möglichst **breite Basis** stellen und sich einen Überblick verschaffen – nicht nur über **alle interessanten Alternativen zu Ihrem Wunschberuf**, sondern auch über das, was sie gemeinsam haben?

Auch dann, wenn es mit Ihrem Wunschberuf nicht klappt, gibt es stets Berufe, die Ihnen genauso viel Spaß machen werden – es sind mehr als Sie denken! Beispielsweise informieren wir in „Alternativen zu meinem Wunschberuf in der medizinischen Assistenz" über 58 Alternativbereiche mit durchschnittlich je 3 Berufen!

Alle Alternativen werden mit den Wunschberufen präzise verglichen und bewertet. Wir informieren über die **gleichen oder verwandten Anforderungen** und **Kenntnisse, Ausbildungsinhalte und Tätigkeiten**.
Ein Urteil über Ihre alten und neuen Wunschberufe wird Ihnen leicht fallen.

Mit durchgehend **vierfarbigem Informationsraster**!

Format ca. 17 x 24 cm,
ca. 180 Seiten,

je DM 39,80   sFr 37,–   ÖS 291,–

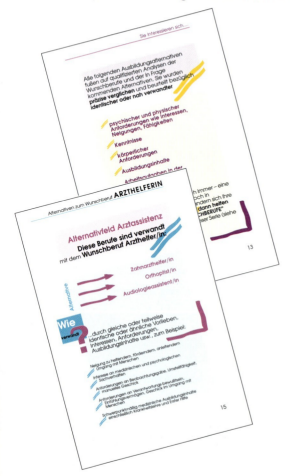

1998:

Arzt/Ärztin, Apotheker/in
Banken, Versicherungen
Büro
Datenverarbeitung, Informatik
Gartenbau, Floristik
Industriekaufleute
Medizinische Assistenz

Frühjahr 1999:

Anwalts- und Steuerfachangestellte
Buchhandel und Verlag
Elektronik
Groß- und Außenhandel
Hotel- und Gaststättenwesen
Kranken- und Altenpflege
Neue Medien, Multimedia
Textil, Bekleidung, Leder
Umweltschutz

Weitere folgen! Fragen Sie Ihren Buchhändler!

NEU vom führenden Fachverlag für
Analysen und aktuelle Informationen über Bildung, Beruf, Beschäftigung

Studienführer

Mit beruflichen Möglichkeiten
Studentenleben vor Ort
Adressen

Diese Studienführer informieren nicht nur allgemein, sondern ganz konkret über **alle Berufe und Beschäftigungsmöglichkeiten**, die nach dem Studium in Betracht kommen!

Sie geben detailliert Auskunft über die **Zugangsvoraussetzungen für das Sie interessierende Studienfach an jeder einzelnen Hochschule**, den **Studiengang**, aber auch über die individuellen **Anforderungen** wie Interessen, Kenntnisse, Fähigkeiten und die zu erwartenden Belastungen in Studium und Beruf.
Als Extras enthalten die Studienführer Informationen zu **Leben und Wohnen** an jedem Hochschulort und alle wichtigen **Anschriften**.

Ein Glossar sowie spezielle Adreß- und Fundstellenteile erleichtern die Handhabung.

Mit durchgehend **vierfarbigem Informationsraster**!

Format ca. 17 x 24 cm,
ca. 250 – 350 Seiten,

je DM 48,90   sFr 45,50   ÖS 357,–

1998:

Lebensmittelchemie
Psychologie
Dolmetschen und Übersetzen

Frühjahr 1999:

Agrarwissenschaften
Bauingenieurwesen
Germanistik
Mathematik
Betriebswirtschaftslehre an Unis

Weitere folgen! Fragen Sie Ihren Buchhändler!

– Der *Klassiker* – qualifiziert und aktuell

Studien- und Berufswahl

Die offizielle Informationsbroschüre, herausgegeben von der Bund-Länder-Kommission für Bildungsplanung und Forschungsförderung und der Bundesanstalt für Arbeit, informiert umfassend zur Studien- und Berufsplanung.

Aus dem Inhalt:
„Studien- und Berufswahl" enthält wichtige Orientierungs- und Entscheidungshilfen, z.B. Studiengangs- und Berufsbeschreibungen, Infos zu allen Studiengängen und Hochschulen in Deutschland, Beratungsadressen, Literaturangaben und Onlinehilfen, Tips zum Start ins Berufsleben.

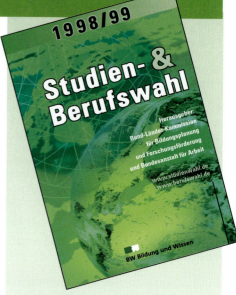

Format 12,5 x 19 cm,
592 Seiten,
zweifarbig

je DM 10,80   sFr 10,50   ÖS 79,–

Das Handbuch erscheint einmal jährlich im September.

Die Ausgabe 1998 ist die 28. Auflage. „Studien- und Berufswahl" informiert rechtzeitig vor Erwerb der Hochschulzugangsberechtigung über Studienmöglichkeiten, berufliche Ausbildungswege und allgemeine Fragen rund um Studium und Berufswahl.

Jetzt auch auf CD-ROM mit direktem „Link" zum Internet-Dienst.

je DM 14,80   sFr 12,50   ÖS 105,–

Im Internet unter: www.studienwahl.de
                     www.berufswahl.de

Bildung und Wissen

Berufs-Chancen-Check

**Ihr persönlicher
Bewertungs- und Bewerbungs-Check**

interesse?

1. Berufs-Bewertung

Check Berufe

Die Vielzahl der im Berufs-Chancen-Check im „Kernbereich" und bei anderen „Berufsbereichen" angebotenen Möglichkeiten hat mich überrascht

ja ☐   nein ☐

Ich habe insgesamt .... Berufe gecheckt ✓, die mich persönlich interessieren könnten

Der Ausbildungsberuf erfüllt damit die Voraussetzung, mir nach Ausbildungsabschluß ein breites Feld beruflicher Möglichkeiten zu bieten

ja ☐   nein ☐

Checks Selbständigkeit / Franchising

Selbstständigkeit / Franchising kommen für mich in einem der genannten Bereiche (gegebenenfalls auch in anderen) später eventuell in Frage

ja ☐   nein ☐

Check Eignung

Meine Interessen, Kenntnisse, Fähigkeiten usw. reichen meiner Meinung nach aus (sollte dies bei Kenntnissen noch nicht der Fall sein, dann könnte ich noch dazulernen)

ja ☐   nein ☐

Auch die körperlichen Anforderungen machen mir keine Probleme

ja ☐   nein ☐

Check Vorbildung

Die Vorbildungsvoraussetzungen werden von mir erfüllt

ja ☐   nein ☐

Wenn ich sie eventuell noch nicht erfülle, bin ich bereit, das Fehlende nachzuholen; meist gibt es passende Möglichkeiten. Der/Die Berufsberater/in oder Beratungslehrer/in regeln dies gerne für mich

ja ☐   nein ☐

Check Ausbildung

Die Dauer der Ausbildung ist für mich   o. K. ☐   nicht o.K. ☐

Die Ausbildung an zwei Ausbildungsstätten, d.h. im Betrieb und in der Berufsschule („Duales System") finde ich interessant und

o. K. ☐   nicht o.K. ☐

Was während der Ausbildung vermittelt wird (berufliche Kenntnisse und Fertigkeiten) finde ich interessant

ja ☐   nein ☐

Check Berechtigungen

Die Berechtigungen, die mit der Ausbildung erworben werden, sind

o. K. ☐   nicht o.K. ☐

Check Weiterbildung

Die Weiterbildungsmöglichkeiten, die ich später eventuell nutzen kann, sind

o. K. ☐   nicht o.K. ☐

Auch die Fakten aus **anderen Checks** (z. B. „Check Ausland", „Check Arbeitsaufgaben", „Info Was gezahlt wird"...) bewerte ich positiv

ja ☐   nein ☐

Gesamtbewertung des Ausbildungsberufes

Beruf kommt in die engere Wahl   ja ☐

Andere Berufe interessieren mich auch/mehr   ja ☐ nein ☐

Ich werde diesen Beruf wählen   ja ☐

Wenn andere Berufe interessieren:

Über welche Berufe will ich mich noch näher informieren:

_____

_____

_____

_____

2. Bewerbungs-Check

a) Vorbereitung und Beratung

Bei einer Bewerbung oder Vorstellung können die Antworten auf folgende Fragen sehr nützlich sein:

Welche sind meine persönlichen Stärken? Was kann ich besonders gut, was liegt mir, was interessiert mich besonders? Welche der im „Check Eignung" genannten Interessen usw. erfülle ich besonders?

_____

_____

_____

_____

Welche Hobbies habe ich? Auch ein Hobby, das nicht zum Beruf „gehört", kann sich bei einer Bewerbung positiv auswirken. Beispiel: Eine Mitgliedschaft in einem Sportverein heißt nicht nur, daß man körperlich fit, sondern auch „sozial" okay ist.

_____

_____

_____

_____

Welche Kenntnisse und Fertigkeiten, die ich mit der Ausbildung erwerben würde, interessieren mich besonders (siehe „Check Ausbildung")? Durch Nennen von solchen speziell interessierenden Bereichen vermitteln Sie z.B. in einem Vorstellungsgespräch den Eindruck, daß Sie sich bereits näher mit der Ausbildung befaßt haben.

_____

_____

_____

_____

☐ Besuch im BIZ

....

☐ Gespräch mit Berufsberater/in

| Name: |
| Telefon: |
| Termin: |

☐ Gespräch mit anderen Stellen / Personen, z.B. Berufsfachleuten

Notizen über Ergebnisse:

_____

_____

_____

_____

_____

_____

b) Bewerbung Wo?

Adressen

☐ Bei Berufsberater/in Adressen erfragt?

☐ Welche Ausbildungsadressen sind mir persönlich, Verwandten oder Freunden bekannt?

☐ Anschriften bei den im „Check Adressen" genannten Stellen erfragt?

☐ Gelbe Seiten des Telefonbuches ausgewertet?

☐ Andere Info-Quellen genutzt, z.B. Tageszeitung, Berufsinformationsveranstaltungen u.ä.?

Name, Adresse, Kontaktperson: Telefoniert am: Anfrage/Bewerbung abgeschickt am: Ggf. Termine für Vorstellungen usw.:	Ergebnis:

Name, Adresse, Kontaktperson: Telefoniert am: Anfrage/Bewerbung abgeschickt am: Ggf. Termine für Vorstellungen usw.:	Ergebnis:

Wenn es in einem Fall nicht geklappt hat,

nachgefragt, warum?

Wurden Gründe genannt? Welche? Welche Gründe vermute ich?

___

Das würde ich beim nächsten Mal besser machen:

___